KB076149

권력과 검찰

괴물의 탄생과 진화

최강욱
지음

창비

검찰이 바로 서야 나라가 바로 선다

"나는 이 순간 국가와 국민의 부름을 받고 영광스러운 대한민국 검사의 직에 나섭니다. 공익의 대표자로서 정의와 인권을 바로 세우고 범죄로부터 내 이웃과 공동체를 지키라는 막중한 사명을 부여받은 것입니다. 나는 불의의 어둠을 걷어내는 용기 있는 검사, 힘없고 소외된 사람들을 돌보는 따뜻한 검사, 오로지 진실만을 따라가는 공평한 검사, 스스로에게 더 엄격한 바른 검사로서, 처음부터 끝까지 혼신의 힘을 다해 국민을 섬기고 국가에 봉사할 것을 나의 명예를 걸고 굳게 다짐합니다."

「검사 선서」 전문이다. 취임 직후인 2008년, 검사도 의사처럼 직무에 관한 선서를 해보는 게 어떻겠느냐는 이명박 전 대통령의 제안을 받아 법무부가 제정한 것이다. 새로 임용되는 검사가 낭독하는 선서문에는 이처럼 좋은 말이 가득 담겨 있다. 이 선서문이 검찰의 과거와 현재의 긍지와 자부심을 바탕으로 미래를 지향하는 글이었다면, 그리고 이에 시민들이 동의하고 이 선서의 정신을 지켜내려는 그들의 헌신에 찬사를 보내는 상황이라면 좋았을 것이다. 하지만 애석하게도 이 글은 시민들에게 그저 공허한 말로, 지켜지지 않을 약속으로 들린다.

검찰은 만인의 귀감이 되는 검사를 기린다며 이미 2005년부터 '최대교 검사상'과 '이준 검사상'을 만들었다. 두 사람이 불이익을 무릅쓰고 권력의 부당한 지시에 굴하지 않고 정의를 세우려 노력했기 때문에 이름을 따서 상을 제정했다는 것이다. 특별수사에 공이 많은 검사 및 수사관에게 시상하겠다며 대검 중수부가 주도해 만든 상인데, 그 후 누군가 선정되어 상을 받았다는 소식은 알려진 바 없다. 왕정에서도 이승만의 독재권력에도 굴하지 않았던 검사의 기개는 정작 민주주의가 성숙한 지금에 와서는 찾기 어려운 모양이다.

*　*　*

검찰의 누추한 처지는 이처럼 스스로 부인하기도 어려운 지경에 이르렀다. 여기에 박근혜 탄핵정국에서 우병우 전 민정수석에 대한 부실 수사와 그에 따른 구속영장 기각 사태마저 발생했다. 겨우내 촛불을 들었던 시민들의 뜻에 따라 대통령이 탄핵소추를 거쳐 파면되고, 구속되어 재판을 받는 상황까지 이어졌다. 하지만 그의 손발이 되어 갖은 방법으로 국정을 농단한 검사 출신의 주역은 거듭 구속을 면한 것이다. 어느 기자가 질문했던 것처럼 그가 청렴한 탓일까, 검찰이 부실한 탓일까. '우병우 라인의 제 식구 감싸기'라는 비난이 잦아들지 않고, 검찰 수뇌부에 사람을 보내 '절대 혼자 죽지 않겠다'며 압박했다는 소문이 무성하다. 시민들은 검찰이 '적폐세력'이며 하루빨리 개혁해야 함을 다시 한번 확인했다.

새로 정권이 들어섰고, 새로운 내각이 꾸려지고 있다. 이제 검찰개혁의 방향을 어떻게 설정해야 하고, 어떤 개혁이 올바른 개혁인지 살펴야 할 때다. 이를 짚어보기 위해 오랫동안 검찰과 가까운 곳에서, 혹은 검찰조직 안에서 일해온 전문가들과 긴 대화를 나누며 생각을 정리했다. 검찰에 오랫동안 출입했던 『한겨레』 선임기자 김의겸, 검사 출신 국회의원 금태섭, 판사 출신 이정렬, 노무현 정부의 검찰개혁 작업에 참여한 변호사 김선수, 네분의 각기 다른 경험과 시각은 독자들로 하여금 검찰의 현재를 입체적으로 조망하도록, 검찰개혁의 큰 줄기를 가늠하도록 해줄 것이다.

* * *

'검찰이 바로 서야 나라가 바로 선다'는 말은 검찰을 위한 것이 아니라 나라와 국민을 위한 것이기에, 우리는 지속적인 관심으로 검찰을 감시해야 한다. 검찰에 대한 문민통제 및 견제에 대한 독자들의 판단에 작은 보탬이 되고자 이 책을 마련했다. 참여해주신 네분께 경의를 표하며 편집과 출간을 위해 애쓰신 창비의 박대우 선생께 깊은 감사를 드린다. 이 책에 조금이라도 수긍하고 기억할 만한 대목이 있다면 모두 이분들 덕택이다.

또한 이 책은 이 땅의 민주주의와 법치주의를 지켜내려는 촛불 시민들의 헌신과 성취에 힘입어 태어나고 자랄 수 있었다. 세계가 한국에서 민주주의의 희망을 보았다면, 우리는 검찰개혁을 통해 그 희망을 꽃피울 작정이다. 강물은 결코 바다를 포기하지 않는다.

2017년 5월
최강욱

* 이 책의 대담은 2017년 2월 7일(이정렬), 2월 24일(금태섭), 3월 8일(김의겸), 3월 27일(김선수) 이루어졌다. 헌법재판소의 탄핵 결정(3월 10일) 등 여러 굵직한 정치적 사건이 이어지고 있었고 19대 대통령 선거 이전에 각 정당이 대선 후보를 선출하는 중이었다. 각 대담자의 발언을 가능한 한 있는 그대로 싣는 과정에서, 본문의 내용이 이 책이 출간되는 2017년 6월 한국사회의 상황과 정확히 일치하지 않을 수 있다는 점을 미리 말씀드린다.

차례

최강욱
vs.
김의겸

그 많은 '우병우'는 누가 다 만들었나
—60년 개혁불발 흑역사

김의겸
金宜謙

1963년 태어나 대학에서 법학을 전공했다. 1985년 민정당 연수원 점거농성을 주도한 혐의로 구속되어 2년반 동안 복역했다. 1988년 한겨레신문사에 입사했고 1990년대 초반부터 법조팀에서 일하면서 검찰, 특히 수뇌부의 메커니즘을 직접 보고 기록해왔다. 2016년 9월 최순실 게이트 관련 특종을 최초로 내는 등 박근혜 게이트 정국에서 여러 굵직한 기사를 냈다. 한국의 정당정치 특히 야권에 과감히 훈수를 두는 기자로 정평이 났다. 2017년 현재『한겨레』선임기자로 일하고 있다.

검찰의 과거사를 알아야 그 속을 알 수 있다

최강욱 2008년 검찰이 조직 창립 60주년을 맞아 자체 선정한 20대 사건의 내용이 흥미롭습니다. 더욱 재미난 건 자신들의 '어두운 과거'를 포함해야 한다는 지적에 따라 그중 4개 사건을 '잘못한 수사'로 골랐다는 점인데요.●

첫번째가 '부천서 성고문 사건'(1986년)이고요. 두번째가 '박종철 군 고문치사 사건'(1987년), 세번째가 '대전 법조 비리 사

● 2008년 10월 30일 대검찰청 정책기획과는 보도자료를 통해 '검찰 60년, 검찰이 꼽은 20대 사건'을 발표했다. 56개 지검과 지청에서 검사 및 검찰주사보 이상의 총 3,989명을 대상으로 실시한 설문조사에서 응답자 3,795명 중 2,573명이 '박종철 고문치사 및 축소은폐 사건'을 '검찰에 반성과 개혁의 계기가 된 사건'으로 꼽았다. 나머지 사건들은 정책브리핑(http://www.korea.kr)에서 확인할 수 있다.

건'(1999년), 마지막이 '홍 모 전 검사 독직 폭행 사건'(2002년)입니다.

이에 대해 하태훈 고려대 교수 등이 쓴 『검찰공화국, 대한민국』 (삼인 2011)에는 이렇게 쓰여 있습니다. "부천서 사건이나 박종철 사건은 '고문'이라 표현하지만 2002년의 서울중앙지검 고문치사 사건은 '독직 폭행'이라고 표현하고 고문의 피해자를 굳이 '조직 폭력배'라고 표현하고 있다. 가해자는 '홍 모 전 검사'라고 표현하면서 마치 현직 검사가 아닌 전직 검사가 고문을 한 것 같은 착각을 불러일으키고 있다." 이 정도라도 고백(?)한 것을 다행이라고 봐야 할지, 더 큰 자성의 시간이 필요할지…

서론이 좀 길었습니다만, 내년이면 검찰이 창립 70주년이 될 테고 그렇다면 위와 같이 몇대 사건을 다시 꼽아볼 수도 있을 것 같아요. 지난 10년간의 대표적 사건을 몇개 덧붙여보았으면 하는데, 검찰의 '어두운 과거'를 대표하는 사건을 꼽는다면 무엇이 먼저 떠오르시나요?

김의겸 일단 검찰이 과거사를 반성하지 않는 태도가 저는 수긍이 안 돼요. 너무나 많은 잘못 가운데 고작 네개를 추린 걸 보고 '애개, 이것밖에 안 돼?'라고 생각했어요. 부천서 성고문이나 박종철 사건 등은 당연히 들어가야 하는 건데, 대전 법조 비리 등은 다른 큰 범죄들을 작은 범죄로 덮으려 한 듯한 느낌이 들어요.

노무현정부 때도 과거사 정리가 쟁점이 되었고, 진실화해위원회를 통해서 경찰·국정원·법원이 각각 개별적으로 정리 작업을 했어요. 그때 검찰은 '우리가 직접 한 것은 없다'라면서 과거사 반

성을 거부했어요. '우리가 직접 고문했나? 우리가 뭘 조작했나? 위법을 저지른 것이나 부당한 일들은 우리가 한 게 아니다. 국방부·국정원·경찰 등이 저질러서 넘어온 걸 우리는 법적으로 처리했을 뿐이다. 우리가 직접적인 당사자는 아니다'라고요.

최강욱 국정원 간첩조작 사건과 똑같은 논리네요.

김의겸 그렇죠. 그 어느 조직보다 생존 본능, 조직보호 본능이 큰 곳이 검찰이에요. 하나의 유기체로서 전체 구성원들이 조직의 보호와 방어를 위해 볼트 너트 역할을 하죠. 과거사에 대한 사과를 절대로 하지 않으려는 검찰의 태도 이면에는 먼저 시인하면 뒤집어쓴다는 생각이 있는 것 아닌가 싶어요. 자동차 사고가 났을 때 "아이고 죄송합니다"라고 먼저 말하면 보상책임이 그 사람에게 돌아가는 분위기가 형성되어 있는 것처럼요.

최강욱 그렇게 보호해야 하는 이유가 뭔가요? 그 조직 안에 있음으로 인해서 누리는 게 많으니까 그걸 잃기 싫어서일까요?

김의겸 그렇죠. 물론 우리나라 재판 시스템에서 판사가 가지고 있는 권한이 더 크기는 해요. 하지만 판사는 수동적이고 방어적이죠. 자기가 먼저 수사할 수 있는 건 아니잖아요. 우리나라의 검찰은 수사권이나 기소권도 독점하고, 형 집행도 하고, 법령 해석도 하죠. 본연의 권한, 즉 수사지휘나 공소유지 차원에서 권한을 행사하는 것 이상으로, 범죄정보 수집이라는 명목으로 일종의 변형된 사찰까지 담당하죠. 권한이 무한정으로 넓어져 있는 상황이에요.
　권한이 많기로는 아마 세계 그 어느 검찰조직과 비교해도 한국 검찰이 압도적일 거예요. '세계 검찰총장 회의'라는 게 있어요. 김준규(金畯圭) 총장한테 들었는데, 가보면 한국 검찰을 다 부러워한다는 거예요. 그만큼 한국 검찰이 가지고 있는 게 많은 거죠. 민주화라는 건 기본적으로 권한이 분산되는 과정인데, 우리나라가 민주화되어가면서 검찰은 거꾸로 없던 권한도 점점 자기 것으로 만들어온 것 같아요. 그런 의미에서 자기반성이 필요한 조직이고요.

최강욱 법원 사람들이 그런 얘기를 해요. 어떤 사태가 생기면 첫번째는 여기서 막고, 두번째는 여기서 막는다는 대응 방안이 각 조직에 매뉴얼처럼 있잖아요. 법원 측에서 검찰은 상대하기가 버겁고 무서운 조직이라고 생각하는 게, 하다하다 안 되면 마지막에는 총장을 잡아 먹는, 즉 총장을 내보내는 것까지 이 대응 방안에 포함되어 있다는 거예요.

실제로도 하잖아요. 지난번에 한상대(韓相大) 총장을 몰아내는 것을 봐도 그렇고요.● 그전에 수사지휘권 문제가 발생했을 때도 김종빈(金鍾彬) 총장이 책임지는 형식으로 나갔지만 사실은 나가기 싫은데 밑에서 나가라고 한 거잖아요.●● 자기들 스스로도 지나친 힘을 가진 괴물이 되어가고 있다는 걸 인식하는 것 아닐까요? 거기서 오는 생래적 두려움도 있는 것 같아요. 조직에서 버림받을 때, 배신자로서 찍혔을 때의 두려움 같은 것 말이에요.

● 한상대 검찰총장은 2012년 대검찰청 중앙수사부 폐지, 상설특검제 도입 등을 포함한 검찰개혁안을 발표 및 추진하려 했으나 검찰 내부 반발로 취소한 뒤 그해 11월 30일 사퇴했다.

●● 2005년 천정배 법무부 장관은 취임 후 검찰에 대한 수사지휘권 행사 문제로 김종빈 총장과 잦은 갈등을 빚었다. 특히 천정배 장관이 국가보안법 위반 혐의를 받고 있던 강정구 교수에 대한 불구속 수사지휘권을 발동하자 김종빈 총장은 2005년 10월 14일 이를 수용한다고 발표했으나 이 조치가 정당한지에 대해서는 국민이 판단하게 될 것이라며 불편한 심기를 내비쳤고, 10월 17일 사퇴했다.

김의겸 20대 중반부터 그 안에서 먹고 자고 같이 부대끼고 거기서 형 동생 하면서 30년을 지내잖아요. 조직 내에서 끊임없이 보직 및 인사 생각을 하고요. 그 안이 너무나 좋은 거죠, 사실은. 그래서 그 조직을 지키려고 하고, 거기서 나가는 것을 두려워하는 것 같아요.

최강욱 스스로도 제어할 수 없는 힘을 가지고 있고, 알면 알수록 부끄럽고 부당한 사건들이 많은데도 반성도 제대로 못하는 검찰조직이 딱하게 느껴질 때가 있어요. "너희가 잘한다고 내세울 건 뭐가 있냐"라고 물어도 "검찰이 이러이러한 걸 했습니다" 하고 대답할 게 없잖아요. 법원은 초대 대법원장인 김병로(金炳魯) 씨나 사도(使徒)법관 김홍섭(金洪燮) 등 떠받드는 사람들이 있잖아요. 그런데 검찰은 소위 검찰을 상징하는 인물이 없어요. 애써서 자기들 역사관에다 만들어놓은 게 이준(李儁) 열사 흉상이라고요.

김의겸 이준 열사가 검사였나요?

최강욱 김의겸 기자께서 그렇게 되물으실 정도니까 알 만하죠. 대한제국 시절에 이준 열사가 평리원에서 검사로 잠시 있었는데, 그때 고종황제가 1906년 황태자 순종의 재혼가례를 기념해서 특사령을 내렸다고 합니다. 이때 이준 열사가 독립운동가들 이름을 특별사면 명단에 넣었대요. 법부의 상관들이 그 이름을 지웠고, 그 사실로 상관을 고발하다가 체포되었어요. 그걸 가져다가 검찰의 상징 내지는 귀감으로 삼으려는 시도인 거예요.

스스로 자기들이 국가의 중추라고 생각하고, 엘리트 의식도 상당하고, 이 조직의 영속성에 대해 외부인이 언급하면 심하게 반발하면서도 실제로 자기들이 내세울 만한 인물도 자랑할 만한 사건도 없고, 반성도 못한다… 이게 좀 기이하다는 생각이 들어요. 정치권력이 검찰이 지닌 힘을 이용해 자기들의 이해관계를 관철시키려고 검찰을 그렇게 만든 걸까요? 아니면 검찰이 스스로의 필요나 관성에 의해 점점 그렇게 변해간 걸까요? 어떻게 보시나요?

김의겸 역사성이 좀 있는 것 같아요. 저는 그게 노태우 때부터 좀 달라졌다고 생각하는데, 그전까지는 정권이 시키는 일을 하는 하수인, 하위 파트너였다면 노태우 때부터 위상이 높아지기 시작해 YS 때 점점 커졌다고 봅니다.

제일 중요한 게 강기훈(姜基勳) 유서대필 사건이라고 생각해요. 그전까지는 검찰의 항변이 맞아요. '중정 안기부 지하실에서 고문하고, 경찰 대공분실에서 고문한 끝에 가져온 것 아니냐. 우리는 그것을 받아서 처리했을 뿐이다'라고 해왔잖아요. 그런데 노태우 때, 즉 1991년에 발생한 강기훈 유서대필 사건은 철저하게 검찰에서 만든 거예요, 경찰에서 한 게 아니고요.

처음 김기설(金基卨)이라는 전민련 사회부장이 자살을 하니까 바로 관계기관 대책회의를 열었어요. 그때 법무부 장관이 김기춘이었고요. 그때 '이 자살에는 배후가 있다, 어둠의 세력이 있다'며 철저히 수사하라고 하면서 검찰이 주도해 강기훈이라는 희생양을 만들어낸 겁니다.

그런 의미에서 저는 바로 이때부터 검찰이 정권 보위의 제1선에서 앞서가기 시작했다고 봅니다. 정권의 동등한 파트너로서, 또는 오히려 리드해가는 경우도 생겼고요. 물론 큰 의미로 보면 정치권의 자장 범위 내에 있죠. 그래서 눈치를 보고 기류를 살피기도 하지만 상당한 자율성과 독립성, 그리고 위상을 노태우 때부터 갖기 시작했어요.

검찰은 어떻게 만들어졌는가: 민주화 이전

최강욱 그 말씀을 이렇게 받을 수도 있을 것 같아요. 이런 식으로 분석하는 사람들도 있었거든요. '보안사가 안기부보다 더 세던 군부독재 시절에는 검찰이 힘을 못 가지다가, 형식적인 민주화가 진행되니까 겉으로는 형식적인 법치가 이루어졌다. 그 과정에서 검찰이 전면에 나서게 되고 힘도 갖게 되었다'라고요. 거기에 또 박철언(朴哲彦)이라는 사람이 노태우 때 주역이 되고, 월계수회가 정권의 핵심으로 자리잡는 등의 과정이 있었죠.

다시 한번 과거로 돌아가보면, 검찰이 창설된 제1대 이승만정부 때부터 어이없는 일이 많이 일어났어요. 그중에 '현직 검사 총살 사건'이 가관이죠. 1948년 여순사건 당시 순천지청에서 근무하던 박찬길(朴贊吉) 검사를 경찰토벌대가 재판 절차도 없이 곧바로 총살한 어이없는 사건이었어요. 당시 박찬길 검사는 무고한 민간인이 경찰에 의해 사살된 사건을 수사하며 그 경찰관에게 징역 10년형을 구형했죠. 그 경찰관을 법정에 세우자 경찰이 난리가 난 겁니다.

경찰은 박찬길 검사가 좌익이라며 상부에 보고했고, 여순사건 진압 과정에서 경찰토벌대를 통해 박찬길을 체포하고는 곧장 총살했어요. 그가 좌익에 협조했고 인민재판의 재판장 노릇을 했다며 사실을 날조해서 죽인 거예요. 결국에는 이승만 대통령 지시로 이 사건은 불문에 부쳐지고 처벌받은 사람 없이 끝나버리고 말았습니다.

이것이 검찰이 그 형성 초기부터 진상규명을 어떻게 해왔는지를 보여주는 단적인 사건이라고 봐요. 하다못해 동료 검사가 무고하게 총살을 당했는데도 "그 누명을 벗기지도 못했고 가해자를 처벌하지도" 못했잖아요. 검찰 스스로 "정의의 편에서 불의한 상황에 맞서는 계기가 될 수도" 있었는데 스스로 차버린 셈이죠.

검찰이 그렇게 제 역할을 하지 못하는 동안 이승만 독재정권은 독재체제를 강화하기 위해 공안사건을 우후죽순 만들어내며 "나날이 승승장구"했고요. 잔인한 역사의 시작입니다. 이승만정부 당시의 검찰에 대해 짚어볼 내용이 또 있을까요?●

김의겸 당시는 좀 불가피했던 측면이 있는 것 같아요. 국가의 물리

● 김희수·서보학·오창익·하태훈 『검찰공화국, 대한민국』, 삼인 2011, 46~47면.

력이라는 건 본래 군·경찰·검찰 등의 권력기관을 통해 행사하죠. 식민지였다가 독립한 나라의 경우 대부분 군이 장악을 하는데, 우리나라는 워낙 뭐가 없었잖아요. 정규군 자체가 아예 없었던 상태에서 독립했으니까요.

자료를 찾아보니까 해방됐을 때 조선인 판사는 30명뿐이었고 검사는 10명밖에 없었더라고요. 해방된 이후 급조해서 특별시험 같은 걸 만들었는데도 100명 남짓밖에 안 되는 거예요. 그 100명에게 2000만명을 다스리라고 할 수가 없는 거죠.

게다가 이승만정부는 너무나 허약한 정당성과 권위를 지닌 정부였기 때문에 민심 통제를 위한 권력 행사를 경찰에 맡겼는데, 경찰은 이미 일제 36년을 거치면서 1만명 넘는 인력을 보유하고 있었어요. 굉장히 숙달되고 훈련된 조직이었죠. 어느 집에 숟가락이 몇개 있는 것까지 다 알고, 누가 독립운동을 했는지도 다 알고요. 독립운동이라는 건 그 당시에 사회주의운동과 등치되는 개념이었기 때문에, 충격과 공포로 통치할 수 있다는 것을 체득한 경찰에 모든 걸 맡겨버린 거죠.

경찰과 검찰의 관계에서 재미있는 사례가 노덕술(盧德述)에 관련된 거예요. 노덕술은 이승만이 "자네가 있어서 두발 뻗고 편안히 잔다"라면서 칭찬하고 총애했던 사람이에요. 반민특위가 결성되자 노덕술이 "반민특위 다 죽여버려라" 하면서 암살단을 만들어요. 반민특위의 핵심들을 전부 암살하려고 한 거예요. 말하자면 지금 박영수(朴英洙) 특검을 없애려는 것과 비슷한 거죠. 그때 노덕술이 한 말이 뭐냐면 "다 암살하는 김에, 권승렬(權承烈) 검찰총장도 없애자"라고 했어요. 일개 시경의 수사과장이 검찰총장을 암살하려고 했을 정도로 당시 경찰의 위세와 권위가 컸던 거죠. 경찰의 유세에 짓눌려서, 거기에 저항해봤자 몸보신 하기가 힘드니까 주어진 권한이 많음에도 불구하고 검찰이 경찰의 가랑이 밑으로 들어갔어요. 경찰이 저지른 일을 법적으로 뒤처리하는 역할, 정당화하는 역할이 이승만 시대의 가장 초라했던 검찰의 모습이 아닌가 합니다.

박근혜-이재용은 곧 박정희-이병철 관계의 복사판

최강욱 재벌 비리를 눈감아준 역사도 꽤 오래전으로 거슬러올라가죠. 1966년 삼성 창업자 이병철(李秉喆)의 사카린 밀수 사건이 대표적 사례일 텐데요. 당시 삼성그룹 계열사인 한국비료공업(지금의 삼성화학)이 공장을 건설하겠다는 명목으로 일본으로부터 차관을 빌렸고, 그러면서 몰래 사카린 60톤을 들여왔습니다. 그러고는 이를 시중에 유통시켜 거액의 자금을 조성하려다 발각됐죠.
　정확하게는 박정희와 함께 이를 공모해 밀수를 벌인 거였잖아요. 하지만 검찰은 이병철의 차남 이창희(李昌熙)와 담당 직원들만 구속 기소했고요. 대통령이 연루된 대형불법비리 사건이 이렇게 졸속으로 처리되는 바람에 재벌들의 무책임을 방조했고, 이런 폐단이 쌓이고 쌓여 지금의 괴물 삼성이 만들어지지 않았나 합니다.

반성하지 않는 역사는 삼성에버랜드 사건,● 불법 상속과 증여로
이어져왔고요. 검찰과 재벌의 관계를 추적하다 보면 굵직한 사건
들이 더 나오겠죠? 떠오르는 게 있다면 말씀해주세요.

김의겸 1993년에 이맹희(李孟熙) 씨가 자서전(『묻어둔 이야기』, 청산
1993)을 썼다가 회수되는 일이 있었잖아요. 그 책을 보면 사카린
뉴스 이야기가 나옵니다. 박근혜와 이재용의 관계, 박정희와 이병
철의 관계가 복사판이라는 느낌이 들어요.
  사카린 뉴스가 1966년에 벌어졌던 사건이니까 딱 50년만에 거
의 동일한 사건이 반복된 건데요. 이야기가 길지만 설명을 드릴
게요. 한국비료, 즉 삼성화학을 만들 때 차관이 필요했죠. 그 차관
을 박정희가 대준 거예요. 비료공장을 하려면 기계가 많이 필요하
잖아요. 이병철이 그 기계를 일본 미쯔이로부터 구입했는데, 몇천
만달러어치를 사니까 미쯔이 측에서 커미션 100만달러를 줬어요.
그걸 이병철이 토오꾜오에서 받았단 말이에요. 그런데 그 돈을 합
법적으로 한국으로 들여올 방법이 없잖아요.
  그 사실을 박정희가 알았어요. 그래서 박정희가 먼저 아이디어

● 삼성에버랜드는 1996년 전환사채 125만여주를 헐값에 발행했고 이에 대한 매
  입을 기존 주주들이 포기하면서 결과적으로 이재용 등 이건희 회장의 자녀 4명
  이 이를 배정받았다. 그 뒤 이재용은 삼성생명을 부분적으로 인수하면서 "삼성
  에버랜드→삼성생명→삼성전자→삼성카드→삼성에버랜드"로 이어지는 순
  환출자 고리를 만들어냈고, 결국 60여억원으로 삼성그룹의 지배권을 장악할 수
  있었다. 재벌 편법 대물림의 대표적인 사례로 손꼽힌다.

를 내요. "돈 가지고 들어오기가 힘들면, 일본에서 물건을 사서 그걸 들여와라. 그래서 여기서 팔아서 남는 돈을 너랑 나랑 나눠갖자." 그래서 사카린을 사온 거예요. 박정희가 밀수의 아이디어를 내고 그걸 시행하도록 유도한 거니까 공동정범이었죠. 그래서 사카린뿐 아니라 여러가지를 들여옵니다. 양변기, 냉장고 등 한국에서 팔 수 있는 것들을 들여왔어요.

그때 『경향신문』이 이걸 잡아내서 특종을 한 걸로 알고 있는데, 걸렸을 때 처음에는 박정희가 모르는 척 하고 있다가 점점 야당이 들고 일어나고 자기 입장이 곤궁하니까 "삼성은 밀수를 했으면서 왜 안했다고 그래?"라며 짜증을 낸 거예요. 책임을 다 삼성에 떠넘긴 거죠. 책에도 그 얘기가 나옵니다. 이병철이 장남 이맹희를 앉혀놓고 "맹희야, 정치한다는 사람들 믿지 마라"하면서 배신감 때문에 박정희를 향해 엄청난 욕설을 퍼부었다고 해요.

지금도 비슷한 겁니다. 이번에도 이재용의 승계 문제가 걸리니까 박근혜가 먼저 얘길 한 거죠. 정유라 승마 지원해달라고요. 이재용은 "이번 정부 내에서 승계 문제가 해결됐으면 좋겠습니다"라고 간접적으로 이야기를 했을 테고요. 일이 터지니까 이재용은 "모든 걸 박근혜가 시켜서 했다, 내 손목을 비틀었기 때문에 어쩔 수 없이 했다" 이렇게 이야기를 한 거고, 박근혜는 "그런 일 없다, 모르는 일이다"라면서 서로 책임을 떠넘겼죠. 50년 전과 지금의 검찰이 달라진 게 별로 없다고 봅니다. 정치권력과 경제권력이 누이 좋고 매부 좋고 주거니 받거니 하는 형태가 그대로 이어져온 거예요.

50년 전 밀수 사건 때도 사건이 검찰로 넘어갔는데, 아예 잘라 버리고 둘째 아들 이창희와 직원 몇명을 구속하는 걸로 끝맺었어요. 과연 이 사건 뒤에 박정희가 있다는 걸 몰랐을까요? 그렇진 않았던 것 같아요. 장준하(張俊河) 선생이 대구 집회에 가서 "박정희야말로 밀수의 왕초다"라고 말해 명예훼손으로 구속됐어요. 유명한 사건이죠. 그런 걸 보면 당시에도 이미 '배후에 박정희가 있구나'라는 걸 사람들이 짐작했다는 건데, 검찰이 전혀 손을 안 댔죠. 이번에도 사실 검찰이 모르는 척하고 수사를 안 하고 있었는데 언론보도가 나가면서 줄기차게 진실이 드러나니까 마지못해 손을 대기 시작한 거고 그게 특검까지 이어진 거예요. 검찰이 자발적으로 나선 게 아니라, 언론보도를 확인한 것에 불과하죠.

최강욱 국제법학자협회로부터 '사법 역사상 암흑의 날'로 지정된 1975년 4월 9일을 이야기하지 않을 수 없죠. '인민혁명당 재건위원회', 소위 2차 인혁당 사건으로 불리는 간첩조작사건 말이에요. 중앙정보부가 고문으로 사건을 조작하고 검찰은 이를 받아 기소해 형량도 사형 아니면 무기징역으로 어처구니 없이 올려놓았죠. 박정희정권에 의한 최악의 일 가운데 하나라고 할 수 있고 현대 사법사상 가장 치욕스러운 사건입니다.

1차 인혁당 사건의 경우 검사들이 저항해서 막았잖아요. 그런데 검찰은 이걸 자랑스러운 역사로 내세우지는 않아요. 이거야말로 권력에 맞서 검사들이 자존심을 지켜낸 일인데… 저는 그게 이해가 안 되더라고요.

김의겸 그걸 자랑하자면 10년 뒤에 벌어진 2차 인혁당 사건에서 잘 못이 너무 크니까요. 괜히 말 꺼냈다가 본전도 못 찾게 되니 그런 거죠. 1차 인혁당과 2차 인혁당이 10년 정도의 간격으로 벌어졌는데, 그 사건을 보면 검사의 역할이 얼마나 중요한지를 깨닫게 돼요.

1차 인혁당 사건이 1964년에 벌어졌어요. 그때 중앙정보부에서 대규모 간첩단 사건을 발표하고 검찰에 넘기니까 이용훈(李龍薰) 검사가 "증거도 없고 피의자들이 고문을 심하게 당했다"라면서 기소를 못하겠다고 했어요. 그때 신직수(申稙秀) 검찰총장이 "기소를 하든 사표를 쓰든 둘 중에 하나를 해라" 하니까 다들 사표 쓰고 멋지게 나가버렸잖아요.

그러고 나서 그날 당직 검사에게 사건을 맡겼어요. 당직 검사가 어쩔 수 없이 기소를 했겠죠. 그래도 검사가 자기 줏대와 고집을 세우는 걸 봤으니까 법원에서 무겁게 때릴 수가 없는 거죠. 많은 사람들이 나가는 등 우여곡절은 있었습니다만, 그리고 억울하긴 하지만 가벼운 형량으로 1차 인혁당은 조용히 마무리 됐어요.

2차 인혁당 사건 때도 1차 때의 주역이 그대로 등장합니다. 신직수가 나타나서 세게 밀어붙이고 검사들도 다 거기에 순응하니까 대법원도 사형선고를 하고, 검찰은 선고 난 지 18시간 만에 바로 집행을 해버렸죠. 만일 어느 단계에선가 검사들이 조금이라도 저항했다면 우리나라 사법 역사상 가장 어두웠던 시기는 오지 않았을 거예요.

신직수, 김기춘 그리고 우병우

최강욱 박정희정권 시절의 검찰을 이야기할 때 빼놓을 수 없는 사람이 바로 신직수지요. 박정희가 사단장이던 시절에 법무참모를 했고 쿠데타 이후부터는 전무후무할 정도로 승승장구합니다. 서른여섯에 검찰총장이 된 것도 대단하고 중앙정보부와 법무부 장관 등 핵심 요직을 두루 거쳤죠. 유신헌법을 만드는 데에 관여하기도 했고요.

재벌가와 얽힌 혼맥으로도 유명하지요. 중앙일보사 사주 홍석현(洪錫炫) 씨의 장인이기도 하잖아요. 검찰총장으로 재직했던 기간은 1963년부터 71년까지 8년여인데, 신직수가 검찰에 미친 영향이라면 무엇이 있을까요.

김의겸 박정희가 경제 등 여러가지에 손을 댔죠. 그중 법률 분야는 신직수의 손을 거치지 않은 게 없어요. 법률, 사건, 인물 등 신직수의 흔적이 지금도 남아 있다고 봐요. 박정희 시대 공안통치의 초석을 신직수가 쌓았고, 그 모델이 조금씩 변화하기는 했지만 지금까지 그대로 이어졌다고 생각합니다.

최강욱 신직수가 굉장히 오래 했어요, 그러고 보면.

김의겸 원조죠. 검찰총장, 법무부 장관, 중앙정보부, 그전에 국가재

건최고위원회부터 시작하면 박정희가 대통령 자리에 있던 16년 가운데서 마지막 2~3년을 빼고 거의 13~14년 동안 신직수가 박정희를 대행해 법률 분야에서 대응한 거예요.

법률·사건·인물을 아울러서 모두 장악했는데, 법률 부문에서는 국가모독죄를 신설한 걸 들 수 있어요. 이 사람이 중앙정보부장을 지낼 때 본격적으로 유신체제를 보호하기 위해 국가모독죄라는 걸 만들어냈어요. 국가모독죄를 포함한 형법개정안을 국회에서 날치기로 통과시켰죠.

역사가 아이러니한 게, 이후 1979년도에 YS가 『뉴욕타임스』와 인터뷰를 하면서 "미국은 한국에 대한 원조를 중단하고 민주화 조치를 취하도록 정부에 압력을 가하라"라고 말했는데 당시 공화당이 그걸 국가모독죄라고 하면서 YS를 총재직에서 잘라야 된다고 해 총재 직무정지로 이어지고 그것이 부마사태를 낳고, 부마사태가 10·26을 낳는 식으로 이어지지 않습니까? 어떻게 보면 신직수가 정권을 보위하기 위해 만들어놓은 법률이 정권 붕괴의 씨앗이 된 거죠.

'사건'은 아까 말씀드린 1차 인혁당, 2차 인혁당이 대표적이고요. '인물'은 김기춘(金淇春)이에요. 신직수가 검찰총장으로 있으면서 김기춘을 예쁘게 본 겁니다. 그 이유는 재능도 있었겠지만 5·16장학생이라는 김기춘의 타이틀도 눈길을 끌었을 거예요. 신직수가 계속 비서처럼 김기춘을 데리고 다녔는데, 검찰에 있다가 법무부 장관으로 가면서 김기춘을 데려와서는 유신헌법을 만들게 했어요. 그 공로로 김기춘은 자기보다 세 기수나 위인 선배들

과 함께 부장검사로 승진했고요. 그러고 나서는 신직수가 중앙정
보부로 옮길 때 따라가서 대공 수사국장을 지냈죠. 거기서 유학생
간첩단 사건 등 신직수가 했던 일을 그대로 이어받아서 했어요.
신직수의 복제 모델인 거죠. 신직수가 법무부 장관·검찰총장을 지
냈듯이, 김기춘도 법무부 장관·검찰총장을 다 지냈어요.

검찰조직 안에서 한단계 한단계 승진을 하면 너무나 큰 명예와
권한을 갖게 되잖아요. 흔히 농담조로 "말기암 판정을 받고 나서
도 다음 보직을 걱정하는 게 검사다"라는 얘기도 하지 않습니까.
그럴 정도로 승진과 자리에 대한 집착이 강한데, 그 출세의 모델
을 신직수와 김기춘이 만들었던 것 아닌가 싶어요. 다들 30대 40
대에 검찰총장을 하고 50대 초반에 법무부 장관을 했거든요. 검찰
에만 있었던 것도 아니죠. 이걸 보고 중앙정보부에 다녀와야 보직
관리가 된다고 해서 권영세(權寧世)도 가고 박철언도 갔다오고 심
지어 홍준표(洪準杓)도 다녀왔고요. '보직관리, 승진, 출세를 하려
면 저 사람들을 따라 해야겠구나'라는 모델인 거죠.

물론 이 사람들과 밟아온 경로는 다르지만, 비슷한 정서와 수법
을 우병우(禹柄宇)가 물려받은 거예요. 신직수-김기춘-우병우 3
대가 이어지는 거죠. 우병우에게 '리틀 김기춘'이라는 별명이 붙
었잖아요. 나이 차가 딱 30년으로 떨어지는 건 아닙니다만, 거의
얼추 비슷하게 흘러가는 60년의 역사가 그렇게 만들어진 것 아닌
가 해요.

최강욱 저는 이 말씀이 설득력 있는 올바른 통찰이라고 느끼는 것

이, 이때 신직수나 김기춘과 동기뻘이었던 검사들은 이 사람들이 출세하고 승진하는 속도와 자기들이 승진하는 속도를 비교했어요. 지금 검찰 사람들도 자리에 집착하는 이유가, 어디로 가느냐에 따라서 인생이 달라지기 때문이잖아요.

개인적으로도 현직 검사로 있는 친구들을 보면서 깜짝 놀란 적이 있어요. 제가 1980년대 후반에 대학에 다녔는데, 박철언이 월계수회라고 해서 잘나갈 때란 말이에요. 그때 대학 동기 가운데에 욕심이 있다거나 위악스러운 사람도 아니고 굉장히 무난한 성격을 가진 친구가 있었어요. 애초에 판사를 할지 검사를 할지 정할 때 권력욕이 있는 사람이 검찰을 지원하는 경우가 많잖아요. 아이러니 중 하나가 운동권 출신들이 판사보다 검사로 가는 경우가 훨씬 많다는 거고요. 그것도 권력욕의 또다른 발현이라고 보이는 거죠.

이 친구는 권력에 대한 욕망이 있을 거라고 전혀 보이지 않았던 사람인데, 어느날 저한테 갑자기 자기는 성적이 아무리 좋아도 검사를 꼭 하고 싶고, 검사를 하게 되면 박철언·강재섭(姜在涉)처럼 안기부에 갔다올 거라는 얘기를 하는 거예요. 그때가 대학교 2학년인가 3학년 때였어요. 아버지가 검사였던 것도 아닌데, 이 사람은 그때부터 준비를 한 거죠. 방금 말씀하신 그 모델을 어느정도 알고 있었던 거예요. 아니나다를까, 그 뒤로 우수한 성적으로 합격해서 검사가 됐고 안기부도 갔다왔고 검사장이 됐어요.

김의겸 고등학교 졸업하고 법대 들어가서 성취 의욕이 불타는 시절에 롤모델이 정해지면 그것만 보고 달려가는 거죠. 우병우에 대해서도 언젠가 칼럼을 쓴 적이 있는데, 우병우가 1987년에 시험에 합격하잖아요. 그런데 법대 동기 중에 수도방위사령부 사령관 김진영의 조카가 있었나봐요. 4학년 때 우병우가 재학 중에 시험에 합격한 사람 20~30명을 모아서 "우리 수방사 사령관을 보러 가자"라고 한 거예요.

그때 합격한 사람들이 우르르 갔었대요. 그래서 김진영을 만났다는 거예요. 칼럼에서 '어떻게 대학교 4학년생이 1987년 6월항쟁이 끝난 직후에 최루탄 포연이 자자한 분위기 속에서 수방사 사령관을 만나러 갈 수가 있느냐'라고 개탄했었는데, 당시에 거기에 갔던 사람 가운데 한명이 저한테 이메일을 보내주더라고요.

'내가 거기 갔다 온 사람이다. 당신 기사가 대체로는 맞지만, 이러이러한 점은 틀렸다'라고요. 그러면서 김진영에게 다녀온 시점을 정정해줬어요. 저는 그게 6월항쟁 직후, 대선 직전인 줄 알았어요. 그런데 대선 직후였다는 거예요. 1987년 노태우가 당선됐을 때. 그러니까 오히려 더한 거죠. 군부독재가 이어지는 상태인데 DJ나 YS가 떨어진 걸 개탄하기보다는 오히려 TK정부가 계속 유지되는 것에 만족했던 것 아닌가 싶고요.

저는 우병우가 그렇게 만나러 간 것도 놀라운데, 메일을 보낸 분은 김진영이 한 말이 더 충격적이었다고 했어요. 서울대 법대 재학 중에 고시 합격한 학생들을 앞에 놓고 김진영이 "만일 노태우가 당선 안 되고 DJ가 당선됐으면 우리 군은 일어났을 거다, 쿠데타를 했을 거다"라고 말했대요. 그런데 다들 그걸 당연하게 받아들이더라는 거예요.

최강욱 그분은 지금 변호사인가요?

김의겸 네, 변호사예요.

최강욱 맨 처음에 그 이야기는 어디서 들으신 건가요?

김의겸 동기 중 한 사람이 언뜻 이야기를 해줬어요. 우병우에게 반감을 갖고 있던 서울대 법대 동기죠. 그래서 몇 사람한테 그 얘길 했더니 자세하게 들려주더라고요.

그렇게까지 주구 노릇을 해야 했던 이유

최강욱 1986년 부천경찰서 성고문 사건은 치욕스러운 검찰 역사의 대표적 사건일 거예요. 사건의 내역을 낱낱이 말씀드리기 민망할 정도죠. 다만 사건 이후 검찰이 보인 행태는 짚어볼 필요가 있습니다. 사건 이후 피해자 권인숙 씨와 변호인단은 문귀동 형사를 인천지검에 고소합니다. 그러자 문귀동은 권인숙 씨를 명예훼손 혐의로 맞고소했죠.

당연히 세간의 눈은 모두 검찰에게 쏠렸어요. 그런데 그때 검찰은 이렇게 말하면서 문귀동에게 혐의가 없다는 결론을 내립니다.

"권인숙이 조사받은 방은 안이 들여다 보이는 곳이고, 날씨가 무더워 다른 경찰관들이 모두 문을 열어놓고 왔다갔다 하는 상황이었기 때문에 성고문이 있었다는 주장은 인정할 수 없다." 그러고는 그 고문행위는 "문귀동이 직무에 집착해서 벌인 우발적 범행"이고 그가 "경찰관으로서 그동안 성실하게 봉사했"다는 이유를 들어 기소유예 결정을 내립니다.

　나중에 이 내용(검찰이 배포한 보도자료)은 안기부가 작성해준 것이라고 당시 검찰총장 서동권(徐東權)이 직접 밝히기까지 했어요. 다시 말해 최소한의 자존심도 없는, 너무나 부끄러운 일을 벌이고도 진실을 은폐하려 했던 거죠. 이쯤 되면 검찰이 도대체 왜 있는 걸까라는 생각마저 자연스럽게 듭니다. 전두환정권 당시, 특히 임기 말 무렵의 검찰이 이렇게까지 권력의 주구 노릇을 하게 된 이유가 있을까요.●

김의겸　그때가 인천 5·3사태 직후 아닙니까? 그때부터 시작해서 1987년 6월항쟁으로 이어가는 격동의 시기였고, 정권 입장에서 보면 불길이 요원처럼 번져가고 있을 때예요. 굉장히 위기의식을 느꼈겠죠. "무조건 막아내"라면서 검찰에 압력을 많이 넣었어요. 이번에 찾아보니까 그 사건을 담당했던 김경회 변호사가 인천지검장이었는데, 회고록을 썼더라고요. 회고록을 보면 처음에 권인숙이 문귀동을 고발하죠. 그런데 바로 다음날 법무부 장관 김성기

●김희수·서보학·오창익·하태훈, 앞의 책 89~90면.

가 김경회한테 전화를 걸어온 거예요. "야 그거, 쌍피 사건으로 만들어라." 경찰도 권인숙을 명예훼손으로 맞고소 하게 만들라고 김성기가 지시한 겁니다. 그러니까 장관한테서 전화를 받자마자 고소장을 들고 간 거예요. 김경회 씨가 뒤늦게 참회록을 쓰면서 '나로서는 그때 어쩔 수 없었다, 부끄러운 일이었다'라고 밝혔어요. 지금은 돌아가셨죠.

처음에는 그래도 수사를 열심히 하려고 했던 것 같아요. 그래서 다 조사를 해요. 권인숙 교수가 구치소로 가서 수감자들에게 자기 얘기를 했을 거 아니에요. 그 사람들도 다 불러서 조사를 합니다. 그걸 봐서는 검찰도 그때는 의지가 있었던 것 아닌가 싶어요. 자료를 보면 43명을 소환해서 조사했다고 나와요.

최강욱 많이 했네요, 정말로.

김의겸 많이 한 거예요. 그때 담당이 남충현 검사인데 "내가 결과로 보여주겠다"라고 이야기했어요. 할 의지가 있었던 것 같아요. 그런데 막상 결과를 발표할 때를 보면 완전히 뒤집어져서 '성혁명의 도구화'라는 걸 내세우는 거죠. 서동권 검찰총장이 나중에 국회에 와서 "그때 성을 혁명의 도구로 만들었다고 한 보도자료는 우리가 쓴 게 아니다. 안기부와 문공부에서 써서 우리가 보도자료에 끼워 넣은 거다"라고 증언했어요.

그런 걸 보면 그때 이미 정권 차원에서는 총력전을 한 거죠. 그리고 그때까지만 해도 검찰이 지금만큼 세지 않았던 것 같아요.

안기부의 하수인이었던 거죠. 그러다 뒤에 박종철 사건이 터지지 않았습니까? 이번에 『중앙일보』에 나온 내용인데, 당시에 특종기사를 썼던 신성호라는 기자가 25년 만에 박종철 사건에 대해 밝힌다고 하면서 누가 자기한테 제보했는지를 적었어요.

최강욱 그때 관련된 검사는 신창원·안상수였고, 최환은 부장검사였던 걸로 아는데요.

김의겸 그 사람들이 아닌 다른 사람이 신성호 기자한테 알려줬다고 해요. 그 사건을 묻어버리려고 하는데 그걸 최환 부장 같은 사람들이 뒤집죠. 말하자면 검찰 나름대로 소극적인 저항을 한 측면이 있다는 거예요. 전두환 때까지만 해도요. 그런데 노태우정부 들어서면서 관계가 하위 파트너에서 동업자로 올라갔고, 강기훈 사건의 경우 국정원이나 경찰이 손도 안 댔는데 검찰이 먼저 노태우정부를 보호하기 위해 사건을 주도적으로 만들어간 거죠.

검찰은 어떻게 만들어졌는가: 민주화 이후

최강욱 김영삼정부가 들어섰을 때 검찰이 보인 모습을 가만히 보면 '조변석개'라는 사자성어가 딱 어울립니다. 특별법을 제정해서 처벌한 것이긴 하지만 여전히 서슬퍼렸던 전두환·노태우를 구속시킨 주역이 된 것이니까요. 그때 한 검사가 했던 말이 압권입니다.

"우리는 개다, 물라면 물고, 물지 말라면 안 문다." 법과 정의를 능동적으로 지키기보다는 수동적 역할에 머무르겠다는 거죠. '어떤 때는 하이에나 어떤 때는 개'라는 검찰 특유의 별명이 붙은 때가 김영삼정부 때가 아닌가 싶습니다.

민주화 이후의 검찰이 그전의 검찰과 달랐던 점은 무엇이 있을까요? 기존 조직을 개혁하면서 아무래도 전보다는 나아진 것이 아닌가 싶기도 한데요.

김의겸 단순히 권력의 하위 파트로서의 법률가가 아니라, 자기 자신이 곧 권력인 영역을 확장하는 거죠. 검찰 출입할 때 검사장 급을 만나보면 어느 검사장이 그런 얘기를 하더라고요. "내가 높은 자리에 와보니까, 승진을 하면 할수록 넓게 보게 되더라. 산을 올라가면 올라갈수록 등산로만 보면서 걷는 게 아니라 시야가 넓어지듯이, 예전에는 법조문만 가지고 사건을 따졌는데 올라가니까 고려해야 할 것이 참 많아지더라"라고요. 그게 단순히 법적인 논리만이 아니라 정치적인 고려가 확장되어가는 거라고 봐야겠죠.

관련된 이야기를 해보면, YS 때 처음에 제가 검찰에 가니까 공안을 담당하는 서울지검의 차장검사가 교도소에 다녀왔던 제 과거 경력을 아는 상태에서 저한테 그런 얘길 하더라고요. "김기자도 옛날에 '모택동'의 『모순론』 읽어봤지. 모택동이 권력은 총구에서 나온다고 했지만 지금은 권력은 칼끝에서 나와"라고요. '예전에는 군·중앙정보부·경찰 등의 물리적 폭력, 즉 총구에서 권력이 창출되었지만 이제는 법리적인 검사의 칼끝에서 나오는 거다,

정권을 만들고 보위하는 일에까지 검사가 전면에 나서게 됐다'라고 표현하더라고요. 그 얘기를 기사에 썼더니, 한밤중에 전화를 걸어서 "당신을 믿고 한 얘긴데 그걸 기사로 쓰면 어쩌냐"라면서 난리가 난 적이 있어요.

또 동시대의 다른 부문, 즉 특수 쪽을 담당했던 차장검사와의 일이 기억나요. 차장검사들 방에 가면 소파가 있잖아요. 그러면 자기가 앉고 옆에 부장검사들이 앉는 자리가 있는데 그 작은 탁자 위에 전화기가 하나 있어요. 기자들이 와서 차 한잔 마시고 이런저런 이야기를 하고 있다가도 그 벨이 울리면 좀 나가달라고 해요.

나중에 물어봤어요. 그 전화기가 무슨 전화냐고요. 알고 보니 그게 청와대 민정수석하고 바로 연결되는 핫라인이었던 거죠. 그런 전화기는 이전 정부에도 있었는데 주로 TK들이 썼고 김영삼정부 때 처음으로 PK들이 사용하기 시작한 거예요. 지금은 TK와 PK가 차이가 없지만 당시만 해도 엄청 차이가 났거든요. PK가 1위였죠. 처음으로 PK들이 YS 때 주요 보직에 앉게 됐고, 청와대에도 PK들이 있으니까 중요한 사건은 바로 청와대와 연결한 거예요. 단순히 민원을 주고받는 정도가 아니라 함께 정국을 끌고가는 동등한 주체로서 핫라인으로 소통했던 거죠.

또 하나 얘기하자면, 김영삼정부 초기에 저보다 한참 선배가 "너 참 불쌍하다" 그래요. "왜요?" 하고 물으니까 "검찰 출입 기자가 좋던 시절이 지나갔다"라는 거예요. 이분이 생각하기에 검찰의 위상은 노태우 때가 최고였던 거죠. 검찰의 위상이 최고니까 출입 기자들한테도 떡고물이 많았고요. 그 선배는 YS가 되니까 이제 시들해졌다고 생각했던 건데, 떡고물은 없어졌지만 검찰의 위상은 높아졌으면 더 높아졌지 절대 낮아지지 않았죠.

검사장한테서 직접 들은 얘긴데 YS가 이런 얘길 했다고 해요. "장관 20명과 검찰총장 한명을 안 바꾼다"라고요. 대통령이 되면서 검찰의 위상을 확 낮추려고 생각했는데 와서 보니까 너무나 유용한 도구인 거예요. 그래서 노태우와 김영삼 정권 때 검찰의 위상과 역할이 점점 강화된 거죠.

최강욱 1997년의 전두환·노태우 사법 처리 건을 언급하지 않을 수 없겠네요. 결과만 놓고 보면 두 사람의 학살자를 처벌한 훌륭한 사례일 수 있겠지만 길고 긴 소송과 기소유예, 불기소처분, 다시 소송, 공소권 없음 결정 등을 돌이켜보면 이 또한 부끄러운 검찰의 역사 중 하나라고 봐야겠죠.

그때 궤변을 했던, 그러니까 '성공한 쿠데타는 처벌할 수 없다'라는 조로 이야기했던 사람이 서울지검 공안1부장 장윤석(張倫碩)이고요. 당시 검찰 구성원들이 그 와중에 자괴감을 느끼거나 하는 분위기가 있었나요?

김의겸 그런 건 별로 안 느껴졌어요. 상대적인 자율성과 독립성을 대폭 확보했음에도 검찰이 여전히 정치권의 자장 내에 있었다는 걸 드러내는 게 대표적으로 이 일이에요. 처음에는 전두환·노태우를 처벌하고 싶은 생각이 YS에게 전혀 없었어요. 삼당 합당을 해서 자기가 대통령이 된 건데, 가만히 있는 걸 들쑤셔서 괜히 적을 만들 필요가 없었단 말이에요. 그런데 상황이 어려워진 것 아닙니까? 제일 먼저 박계동(朴啓東)이 노태우 비자금 사건을 폭로했죠. DJ가 그 얘길 듣고 바로 "나 20억 받았다"라고 스스로 고백했잖아요. 그 불똥이 YS에게로 튄 거예요. '그럼 YS는 대체 얼마를 받은 거야?'라면서, 이게 대선자금 문제로 번졌죠. 그때 '3000억이다'라는 이야기가 나왔는데, 노태우가 나중에 자기 회고록에다 썼죠. 2000억 줬다고요.

그런 식으로 YS가 몰리고 있었고, 결국 1995년 지방선거 때 참패를 합니다. JP가 탈당하고 나가면서요. 서울시장도 빼앗기고 다 뺏겼어요. 그러고 나서 바로 1996년에 국회의원 선거가 있으니 뭔가 분위기를 반전할 필요가 있었어요. 그때 전두환·노태우 잔당들이 모여서 TK 신당을 창당하려고 하고 있었어요.

일석삼조 정도의 역할을 하는 게 5·18특별법입니다.● 그때까지 정부의 방침이 '처벌하지 않는 것'이었던 거지, 장윤석 같은 사람들이 희한한 논리를 만들어서 "성공한 쿠데타는 처벌할 수 없다"라는 말을 했던 건 아니에요. 공소장이나 보도자료에 있는 것도 아니고요. 하지만 취지가 그랬다는 거예요. 그러한 취지로 못한다고 했다가 서너달 만에 입장을 확 바꿔서 갑자기 역사 바로 세

●5·18민주화운동 등에 관한 특별법. 12·12사태와 5·18민주화항쟁 때 발생한 헌정질서 파괴 범죄행위에 대한 공소시효정지 등에 관한 사항을 규정한 법률로, 1995년 12월 21일 제정되었다. 검찰은 5·18특별법 제정과 헌법재판소의 성공한 내란 처벌 결정 등에 힘입어 공소시효 만료 하루 전날인 1996년 1월 23일 전두환 등 신군부 인사를 내란죄 및 반란죄 혐의로 기소했다.

우기에 들어가니까 자기들도 민망하기는 했죠. 기자들이 공격해 들어오니까 "그래 우리는 개다, 개" 이런 투로 얘길 한 거예요. 하여튼 검찰이 법적인 논리를 쉽게 바꿀 수밖에 없었던 당시의 정치적 상황이 있었어요.

아까 사례에서 얘기했듯이, '산에 높이 오를수록 넓게 봐야 하니까'라는 말은, 법률은 판단의 한 기준이자 전체를 구성하는 일부 요소일 뿐이지 전부가 아니라는 생각에서 나온 것이고요. 1996년 선거 치르고 97년 대선 때 강삼재 사무총장을 비롯해서 신한국당 의원들이 DJ의 비자금 자료를 검찰에 내고 수사하라고 압박을 넣고 그랬어요. 국정감사도 나오고요.

김태정(金泰政) 총장 시절이었어요. 그때 제가 검찰에 출입하고 있었는데, 박주선(朴柱宣) 의원이 수사기획관이었어요. 박주선이 김태정한테 "형님, 이러면 광주에서 민란이 일어납니다"라고 하면서 둘이 그 수사를 유보로 막은 거예요. 넘겨버린 거죠. 그러고 나서 대선에서 DJ가 됐어요. 얼마 후에 YS가 김태정 총장을 불러서 청와대에서 칼국수를 대접했어요.

칼국수를 먹고 나오면서 김태정이 박주선한테 전화를 걸었어요. "야 오늘 정말 재밌는 일이 있었다. YS가 이걸 다 자기 공이라고 이야기하더라." YS가 '태정아'라고 부르면서 "태정아, 그때 DJ 수사 미룬거는 참 잘했지? 내 그때 결정 잘한 거지?" 그렇게 얘기를 하더래요. 그래서 김태정이 "예, 각하 잘하셨습니다" 하고 나와서 박주선하고 "우리가 한 건데 왜 자기가 했다고 그러냐"고 통화를 했다고 해요(웃음).

권력과 검찰의 관계가 동등하거나, 혹은 객관적 사실과 관계없이 검찰이 자기가 주도권을 가지고 있다고 스스로 자부심을 가질 수 있었던 때가 YS정부 때가 아니었나 생각해요. 전두환·노태우 처리 문제도 꼭 정권 입맛에 맞춰서 한 게 아니고, 자기들도 필요해서 생각을 바꾼거다 하면 크게 부끄러워할 필요가 없는 거죠(웃음).

검찰 전성시대: 정치검찰의 횡행

최강욱 김태정 씨 얘기가 나왔으니까 그 유명한 김대중정권의 옷로비 사건 특검이 떠오르는데요. 요전에도 그렇고 특검 들어가기 전에 검찰이 소위 '조직 유기체'로서 한몸처럼 움직이는 게 있잖습니까.

김의겸 기자한테 여쭤보고 싶은 게 있어요. 검찰이 수사를 하는 기관이고 수사는 지검에서만 하죠. 그런데 '지방검찰청장'이라고 하지 않고 '검사장'이라고 하는 이유가, 검사 하나하나가 행정법상 결정권을 갖는 기관이기 때문이라고 얘길 하잖아요.

그러면 초임 검사의 경우 수사기법도 미숙하고 노하우도 없으니까 부장 정도가 통솔하면서 팀워크를 다져가며 노하우도 전수하고 무리한 걸 제어하기도 하는 게 필요하다고 할 수도 있겠어요. 그런데 차장-검사장 그리고 대검의 부장-총장 이렇게 올라가면, 그 사람들은 이런저런 정치적 요소를 고려해서 수사에 영향력을 행사하잖아요. 해라, 말아라, 지금 해라, 나중에 해라. 취재를 해

보시면, 어떤 상황이 있을 때 갑자기 터뜨려서 사건을 키운다거나 속도를 조절한다거나 하는 게 느껴지시나요? 그쪽에서는 절대 안 그런다고 하잖아요.

김의겸 절대로 안 그런다고 하죠. 직접적인 지시와 복종의 관계가 있는 듯하지만, 총장이나 부장검사 등도 드러내놓고 부당한 지시를 내릴 수는 없는 거죠. 돌려서 이야기하거나, 눈치를 채게 하거나, 다른 이야기로 "이건 좀 수사가 미진한 것 같아"라면서 결정을 미루죠. 아니면 "이건 부족한 것 같은데, 이쪽을 파야 하지 않겠어?"라고 유도하는 등의 방법이 있는 것 같아요.

그전에 '언제 누가 수사를 할 건가'라는 배당 문제가 더 근본적인 거라고 봐야겠죠. '최강욱한테 가면 자기 마음대로 할 거야, 원리원칙대로 할 거야.' 이렇게 생각되면 그쪽으로 안 가는 거예요. 그리고 자기 말을 잘 듣는 사람에게 넘겨주고요. 사건 배당을 통해서 사실 70~80퍼센트는 결정되는 것 같아요. 노무현 대통령 사건이 이인규(李仁圭)·우병우한테 맡겨진 것이 대표적이죠.

최강욱 검찰 입장에서는 DJ에 대해 바짝 긴장을 하고 있었는데 대통령이 "검찰이 바로 서야 나라가 바로 선다"라는 휘호를 하나 적어주시면서 잘하라고 하셨잖아요. 대통령은 앞에다 방점을 두고 '검찰이 바로 서야 한다'라는 의미로 이걸 써준 건데, 검찰은 '우리가 이 나라의 핵심이다, 대통령도 인정했다'라는 식으로 써먹고 있단 말이에요.

DJ는 과연 검찰에 대해 어떤 생각을 갖고 있었고, 그분이 검찰 개혁에 대해 어떻게 생각하셨는지 궁금합니다. 아까 YS는 '장관 20명과도 안 바꾼다'라고 했다고 하셨잖아요.

김의겸 저는 DJ가 옷 로비 사건으로 굉장히 충격을 받았다고 생각해요. 검찰조직에 대해서 자신감을 잃어버렸던 것 같아요. 처음에는 김태정 법무부 장관을 통해서 원리원칙대로 해볼 생각이 있었는데, 옷 로비 터지죠, 조폐공사 파업 유도 사건 터지죠, 이용호 게

이트 등 나왔죠. 계속 특검이었어요. 일이 연달아 터지니까 감당이 안 되는 거예요.

그러다 보니 호남 출신의 중용이, 제가 보기에도 지나칠 정도로 급속히 많이 이루어졌어요. 당시 신승남(辛承南) 씨가 검찰 내에서 차장임에도 불구하고 총장 제치고 법무부 장관 제치고 모든 결정을 내렸어요. 사람들이 인사부터 중요한 사건 결정까지 모두 신승남 씨를 바라보던 시절이었어요.

김대중정부로서는 IMF를 극복하는 게 중요한 임무 아닙니까. 그런데 자꾸 검찰 쪽에서 잡음이 나왔어요. 그것 때문에 뭐가 안 되잖아요. 개혁이고 뭐고 우선 틀어막고 가자 했는데, 틀어막고 가려니까 그나마 믿고 맡길 수 있는 호남 출신들이 몇 명 안 되는 거예요. 그래서 다 끌어다 중용했죠. 그 때문에 부작용이 많이 생겼고 노무현정부로 이어지면서 부담이 된 측면이 있어요.

노무현의 검찰개혁은 왜 실패했을까

최강욱 노무현정부의 검찰개혁에 대해서는 하실 말씀이 많을 것 같습니다. 김대중정부 시절 개혁 실패의 영향을 받았을 테고요. 노무현정부 당시의 검찰개혁안으로 대표적인 것은 무엇이었고 왜 실패했는지 말씀해주셨으면 해요. 기존의 검찰 기득권을 내려놓게끔 여러 조치를 취하고자 했다가 단 하나도 성사하지 못했던 기억이 납니다.

김의겸 '노무현정부의 검찰개혁이 왜 실패했나'를 가지고는 논문이 아마 수백편도 나올 수 있을 거예요. 단편적이나마 제 개인적인 생각을 말씀드릴게요. 왜 실패했느냐?

첫번째, 너무 나이브했다. '검찰을 어떻게 볼 것인가'의 문제에서, 성선설에 기초해 검찰을 대했다는 생각이 들어요. '검찰은 원래 착한 사람들이다. 권력이 정치적으로 검찰을 이용했기 때문에 검찰에 문제가 생긴 거지, 독립성을 보장해주고 청와대와 노무현 대통령이 검찰을 이용하지 않겠다고만 하면 법조인이자 가장 우수한 인력이 모여 있는 조직인 검찰은 제자리를 찾을 거다'라고 본 거죠. 그런데 이게 굉장히 순진한 생각이었다고 봐요. 검찰은 선출되지 않은 권력인데다 다른 경쟁자나 견제 장치도 없죠. 괴물이 될 수밖에 없는 배경을 가진 이런 조직을 성선설에 기초해서 바라보고 대한다는 것 자체가 말이 안 됐던 거예요.

두번째는 시대 배경이 작용했던 것 같아요. 우연적 요소도 있었는데, 대선 수사가 너무 잘 된 거예요.

최강욱 안대희(安大熙)가 국민 검사가 됐죠.

김의겸 그렇죠. 노무현 대통령이 "나도 해, 내 것도 해" 그래서, 이회창(李會昌)의 차떼기 사건도 수사했지만 안희정(安熙正)·최도술(崔導術) 등 노무현 대통령 측근들도 구속되지 않았습니까? 그러니까 국민들이 다 박수를 치는 거예요. 안대희가 국민검사 되고,

화환 갖다주고, 떡 갖다주고 그런 거예요.

검찰개혁을 하려면 국민적인 열망이 있어야 하는데, 오히려 손을 대려고 하면 "왜 손대, 지금 검찰 잘하고 있는데"라는 이야기가 나오는 바람에 동력을 상실해버렸어요. 그렇게 되니 검찰을 견제할 수 있는 공수처를 만들 수 있겠어요, 검·경 수사권 조정을 할수가 있겠어요. 그냥 넘어가버린 거죠.

강금실(康錦實) 장관 얘기는 여기서 할 수밖에 없는데, 비단 강장관뿐 아니라 국정 전반에 걸쳐 그랬지만 협조가 잘 안 됐어요. 저는 강금실의 개혁의지도 문제였다고 생각하지만, 강금실 한명만 툭 던져놓고 하라고 하면 그게 되겠습니까. 검사는 2000명 가까이 되는데요. 그 안에서 뭘 얼마나 버틸 수 있었겠어요. 그냥 물들어버리는 거죠.

제가 취재하고 직접 들었던 얘기 중에 천정배(千正培) 장관 이야기가 있어요. 천정배 씨가 처음에 법무부 장관을 하고 싶어했어요. 강금실로 내정되었다고 발표되고 나서 제가 전화를 걸었어요. "서운하시죠?" 그랬더니 천정배 씨가 그렇지 않다고 하면서, "최고 중에 최고를 뽑았다, 강금실은 개혁의지도 있고 이걸 할 수 있는 유일한 사람이다"라고 칭찬을 하더라고요.

저는 그게 정치적인 언사는 아니었다고 생각해요. 그런데 몇달안 가 국회에서 천정배가 강금실을 엄청 깠어요. "뭘 하고 있는 거냐, 검찰개혁을 하겠다고 거기에 가서 아무것도 안 하고 있지 않느냐, 개혁의지가 없는 것 같다"라면서요. 나중에 속내를 들어보니까, '검찰개혁을 어떻게 혼자 하느냐, 내가 지금 당과 국회에 있으니 법률도 만들고 같이 해야지, 나한테 전화 한번 안하고 혼자서 그러고 있냐'라는 의미로 이야길 했다고 하더라고요.

강금실도 나중에 인터뷰한 걸 들어보니까, "내가 그때 미숙했다. 정치 경험이 없어서 당정협조라는 개념이 머릿속에 없었다. 그리고 나에게 여유가 없었다, 그래서 못했다"라고 하더라고요. 평검사들이 막 들고 일어났었잖아요.

검찰개혁을 하려면 당시 민정수석이었던 문재인 대통령(이 대담이 2017년 3월 초에 치러졌으므로, 이하 본문에서는 별도의 직책을 명기하지 않았다), 당의 천정배, 법무부의 강금실 세 사람이 똘똘 뭉치고 합심해도 될까말까인데, 다 따로 놀았던 거예요. 강금실 장관도 '왜 나를 보호해주지 못했느냐'라면서 문재인 수석한테 굉장히 서운해했어요. 일년 정도 장관 하다가 김승규로 교체됐잖아요. 그래서 '이제 뭔가 해볼 만한데 나를 보호해주지 못했다'는 서운한 감정이 있었다고 해요. 세 사람이 다 모래알처럼 따로 놀았다는 점이 실패 요인 가운데 하나라고 봅니다. 전체적인 로드맵과 팀워크가 없었다는 건, 준비가 없었던 거라고 봐야죠..

네번째 요소는 첫번째 말한 성선설과 관련이 있는데 사람을 움직이려면 당근 또는 채찍, 즉 강력한 게 있어야 하잖아요. 민정수석이라는 자리가 정말 중요한 자린데, 문재인-박정규(朴正圭)-전해철(全海澈)-이호철(李鎬喆) 이렇게 이어졌잖아요. 박정규야 검찰 출신이기는 하지만 비주류였죠. 검찰이 아무도 노무현정부에 대해서 무서워하지 않은 거예요. 우리 식구라고 생각하지도 않은 거고요. 말이 먹히는 것도 아니고 무서워하지도 않았죠.

노무현정부만큼 검찰을 개혁해보려고 노력했던 정부가 없는데 결과적으로 성공하지 못한 건 그런 여러가지 요인들 때문이 아닌가 합니다.

최강욱 그러면 검찰 출신으로 민정수석을 시키는 게 나았다고 보세요?

김의겸 꼭 그렇지는 않아요. 강력한 개혁안을 갖고 드라이브를 걸 수 있는 사람이거나, 정치력 있고 검찰을 잘 알고 의지가 있는 사람이거나 해야 돼요. 아니면 친화력이라도 있거나. 그런데 당시 민정수석과 검찰과의 관계가 로드맵, 의지, 팀워크 등 여러가지 면에서 미흡했던 것 같아요.

검찰의 독립, 과연 어떻게 볼 것인가

최강욱 당시에도 그렇고 지금도 검찰 출신들이 하는 이야기 가운데 일반인들에게 꽤 설득력 있게 들리는 게 '특검을 봐라, 검찰 출신들이 가서 하는 건데, 정치권력이 간섭하지 않고 독립성을 부여하니까 열심히 하고 성과를 내지 않느냐, 그러니까 우리를 실질적으로 독립시켜주고 인사권도 검찰총장한테 줘라. 그러면 우리끼리 잘한다' 이런 거란 말이에요.

참여정부 때도 검찰 사람들이 저를 만나면 "혹시 청와대 사람들이 검찰을 실질적으로 독립시킨다고 합니까? 들어본 적 있습니까? 인사권을 총장한테 줄까요?" 하는 걸 많이 물어봤어요. 이 문제는 어떻게 보세요?

김의겸 저는 그래서는 안 된다고 봅니다. 아까 얘기했듯이 민주화라는 건 권력을 나누고 분산해 상호 견제할 수 있는 건강한 토양을 만드는 과정이에요. 그런데 현재 너무나 비대하고 세계에서 유례를 찾아보기 어려운 막강한 권력을 지닌 검찰한테 "너희들끼리 알아서 해봐" 하면 정말로 날개를 달아주는 거죠.

정치권력이 검찰을 직접 통제하겠다고 해도, 거기에는 여러가지 부작용이 따라요. 정치권력이라고 해서 선한 건 아니니까요. 여러 문민통제가 필요해요. 권력을 견제할 수 있는 장치 말이에요. 그게 공수처가 될 수도 있고 검·경 간의 수사권 조정이 될 수도 있어요. 아니면 검사장을 직선제로 뽑는다든지 하는 조치들이 선행된 상태에서 검찰의 독립과 중립이 논의되어야 하는 거지 그런 것 하나도 없이 "너희들끼리 알아서 해" 해버리면 정말 검찰파쇼가 되는 거죠.

노무현 대통령 수사는 왜 그를 죽음으로 몰았는가

최강욱 저도 그게 가장 우려되는 지점이에요. 순서의 차이는 있을지 몰라도, 사람들이 공통적·기본적으로 생각하는 것이 '검찰권력을 나누어야 한다, 줄여야 한다'라는 거죠. 이명박정부 들어서 일반 시민들도 "검찰이 정말 나쁜 놈들이구나"라는 이야기를 많이 하기 시작했잖아요. 노무현정부 때는 '검새'라는 말이 있었지만 그건 오만한 검찰조직을 비난하는 의미로 쓰였던 건데, 이명박정부 때 들어가면서 시민들이 실제적인 '예시'를 들 수 있게 된 것 같아요.

KBS에서 정연주 사장 몰아낸 사건, MBC 「PD수첩」 사건, 미네르바 사건 등이 있는데, 중요한 게 이때의 검사들이 현재도 남아 있다는 거예요. 이 사건에서 공을 세운 걸로 수뇌부에 다 가 있죠. BBK 사건으로 시작된 조건이기도 하고요.

결정적으로 2009년 노무현 전 대통령의 서거도 빠뜨릴 수 없죠. 본래 당시 대검 중수부는 다음과 같은 밑그림을 그렸다고도 하지요. 박연차 게이트 수사를 하되 순서는 1. 정관계 인사들 2. 천신일 세중나모여행 회장 등 이명박정부 측 인사들 3. 노무현 전 대통령 관련 수사 순으로 하자는 것이었고, 이 수사 구도가 크게 어그러지면서 노 대통령이 서거에까지 이르렀다는 말도 있어요. 과연 당시 대검찰청의 생각은 어땠을까요? 그 얘기를 잠깐 짚어주셨으면 해요.

김의겸 김대중·노무현 정부 때는 방향은 틀렸을지라도 점점 더 독립적·중립적으로 가다가, 이명박정부 때 구체제로 복귀해서 정연주·미네르바 등 여러가지 사건이 발생했죠. 그 결정판이 노무현 대통령 사건이고요.

이걸 복기해보면 처음에 2008년 촛불이 4월부터 시작됐잖아요. 이명박이 그때 위기의식을 느꼈고, '저 촛불 뒤에 노무현이 있구나'라고 간주하고 '노무현을 죽어야겠다'라는 식으로 생각하고 있었죠. 그때 그 단서를 준 사람이 한상률(韓相律) 국세청장입니다. 한상률이 '노무현을 잡으려면 박연차(朴淵次)를 쳐야 된다'고 특별보고를 한 거예요.

이것도 제가 들은 이야긴데, 한상률이 어느 국세청장의 비서로 있을 때 자기가 모시던 국세청장이 똑같은 일을 하는 걸 본 거예요. 정적을 제거하고 싶어하는 권력자에게 국세청 자료를 바쳐서 그 국세청장이 출세하는 것을 젊은 한상률이 본 거죠. 그래서 그걸 똑같이 했어요.

서울국세청 국장 안원구(安元九)한테 "박연차를 잡아야겠다. 네가 태광실업에 대해 잘 아니까 베트남 국세청 사람들에게서 도움을 얻어 자료를 만들어라"라고 시켰고, 안원구가 자료를 갖다바치니까 한상률이 그걸 이명박한테 직접 보고하면서 넘긴 거죠. 그 자료를 대검 중수부의 박용석(朴用錫)-최재경(崔在卿) 라인한테 줬는데 이 팀이 의지가 없었는지, 이게 위험하다고 생각했는지, 아니면 능력이 모자랐는지 모르겠습니다만 그게 이명박의 성에 안 찬 거예요. 이게 노무현까지 못 가. 못 가니까 아까 얘기했던 이인규-우병우로 팀을 새로 짠 거죠. 평상시 2월에 인사를 하는데 이건 1월로 확 당겼어요.

정동기(鄭東基) 민정수석이 이 건을 누구한테 배당하느냐가 중요했는데 검찰 내에서 가장 독종이라고 할 수 있는 이인규와 우병우를 거기에 넣은 거예요. 한쪽이 독하고 질주하는 타입이면 다른 쪽은 이성적으로 제어하는 사람으로 팀이 꾸려져야 합리적인데, 그러지 않고 막 몰아붙일 수 있는 두 사냥개를 갖다 푼 거죠. 정동기가 이인규의 경동고등학교 후배고, 이인규는 주미 협력관으로 가 있을 때 낭인이던 이명박과 같이 있었고요.

우병우는 정동기가 대구지검장 할 때 특수부에 있으면서 대구 유니버시아드 휘장비리 사건●으로 끈끈한 관계가 됐어요. 두 사람이 임명된 다음부터 박연차 부르고 편법을 쓰는 거죠. 세 딸들 다 불러다가 출국 금지하고 회사 문닫게 만들겠다고 하니까 박연차가 두손 두발 다 들고, 전부 얘길 한 거예요.

거기에 반기문(潘基文)도 나오지만, 특별히 노무현 대통령에 대해서 얘기했어요. 정치적 타깃이 너무나 분명한 사건이었어요. 처음부터 분명하게 노무현을 잡기 위한 과정이었죠. 그런 의미에서 앙시앵레짐으로, 노태우 이전의 안 좋았던 검찰의 모습으로 그대로 복귀했다고 볼 수 있어요.

●2005년 대구 하계 유니버시아드 옥외광고물을 수주한 (주)전흥이 수주를 위해 로비를 펼친 정황이 포착되었다. 수사 결과 강신성일 전 국회의원, 박주천 전 국회의원 등이 뇌물을 수수한 혐의가 입증되어 구속되었다. 우병우는 당시 수사의 책임자로서 외압을 막아냈다는 평을 듣기도 했다.

이명박정부의 앙시앵레짐

최강욱 이명박정부가 검찰과 끈끈하게 유착되었다는 평을 듣지만, 흥미로운 것은 당시에도 검찰개혁이 추진되었고 그것이 실패했다는 거예요. 2010년 당시 여당인 한나라당은 미네르바 사건부터 한명숙(韓明淑) 총리 사건* 등에서 연이어 무죄판결을 내린 법원을 '손보기' 위해, 야당은 무리한 수사를 강행함으로써 정치공학적 효과를 도모한 정치검찰을 개혁하기 위해 전반적으로 '사법개혁'을 추진했습니다. 그때도 개혁은 수포로 돌아갔고요. 어떤 이유에서였을까요?

김의겸 이명박정부 때 검찰이 김대중·노무현 때와 달라진 것에 대해 말씀을 드리고 싶어요. 제가 보기에 원인이 몇가지 있는 것 같아요. 첫번째는 검찰과 이명박 양쪽 다 위기를 맞았어요. 이명박은 촛불집회로 인한 불안감이 있었고요. 정치적 반대세력을 억압하기 위해 검찰의 힘이 필요했고, 검찰은 그때 김용철(金勇澈)이

● 2009년 한명숙 전 총리가 건설업체 사장인 한아무개 씨로부터 9억여원의 금품을 수수한 혐의로 기소된 사건을 말한다. 한 전 총리에 관한 '1차 수사'(곽영욱 대한통운 사장으로부터 5만 달러를 수수한 혐의로 기소)가 실패로 돌아가자 검찰 수뇌부는 '2차 수사'에 돌입하고 이 사건 또한 2011년 10월 1심 재판에서 무죄가 선고됐다. 이명박정부가 전임 정부의 핵심인사를 압박함으로써 정치적 이득을 얻고자 한 의도에 검찰이 부응하여, '검찰=정치검찰'이라는 오명을 초래한 대표적 사건으로 평가받는다.

삼성 비자금에 대해 폭로하면서 검찰이 떡값을 받아 여러 수사 및 재판에 개입했다는 사실을 밝히면서 곤란해졌죠. 그래서 검찰개혁에 대한 요구가 커졌어요.

두번째로 이명박과 검찰에는 서로 보호해주어야 한다는 공범의식이 있었어요. BBK 효과도 있었죠. 이명박정부가 출범하자마자 인사를 단행했는데 BBK를 담당했던 검사들에게 노골적으로 혜택을 줬어요, 승승장구 하도록. 그건 보은 차원이라기보다는 이명박이 검찰 쪽에 사인을 준 거라고 봐야겠죠. '충성해라, 그러면 내가 보답을 해준다.' 김홍일(金洪一), 김기동(金基東), 최재경을 파격적으로 승진시켰어요.

그런 두가지를 깔고 있는데다 세번째로 또 인맥 문제가 있었어요. 그때 TKK라는 말이 나왔어요. TK와 고대의 합성어로요. 이명박정부 검찰의 상징이 김경한(金慶漢) 법무부 장관이에요. 이명박정부의 초대 법무부 장관인데, 제가 1993년 법무부와 검찰에 출입할 때 김경한을 만났어요.

그때 김경한이 서울지검 공안1부장이었어요. 막 출입하기 시작한 저한테 자기가 여지껏 묵묵히 일해왔다는 얘기를 하는 거예요. 공안1부장에서 차장 달고 검사장 달려고 하면 그때부터 문이 좁아지잖아요. 이때부턴 선을 타야 되거든요. "내가 본격적으로 TK의 힘을 받아서 막 나가려고 했는데 갑자기 정권이 바뀌어서 문이 닫힌다"라는 아쉬움을 토로하더라고요. 그때 실제로 이 사람이 법무부 검찰1과장을 했거든요. 그 위에 법무부 장관이나 총장들이 TK를 얼마나 중용하는지 절실하게 본 사람입니다.

당시 1과장이 김경한이고 2과장이 최병국(崔炳國)이었어요. 1과장이 선임 자리잖아요. 그런데 최병국이 2년 선배예요. PK 최병국이 사시 2년 선배인데도 자기가 먼저 1과장을 달았을 정도로 노태우정부 때까지 TK가 잘 나갔던 거죠. 그랬다가 김영삼정부 들어서면서 TK가 맛이 가기 시작했어요. 김영삼 5년, 김대중 5년, 노무현 5년, 총 15년을 굶은 거예요.

그러다가 15년 만에 권토중래를 해서 TK정부가 된 거예요. 그러니 얼마나 살 만했겠어요. 그리고 여기에 고대 문제가 겹쳐요. 제가 자료를 보니까 2006년에 검사장이 46명 있었는데 그때는 고대 출신이 한명이었어요. 그런데 그 뒤로 열명으로 숫자가 늘었을 뿐 아니라 이른바 '빅4'라고 하잖아요? 중앙지검장, 법무부 검찰국장, 대검 중수부장, 공안부장 가운데서 두명이 고대 출신이 됐어요. 최교일(崔教一)과 노환균(盧丸均), 이 사람들이 말하자면 TKK였어요.

이렇게 고대가 잘 나가는 겁니다. 그런데 이게 배경이 있습니다. 이명박 친구이자 교우회 회장도 하고 그랬던 천신일(千信一)이 어느 날 서초동에 등장했어요. 그래서 검사장부터 시작해서 서초동에 있는 고대 출신 검사들이 쫙 몰렸어요. 천신일이 밥도 사고 선물도 주면서 "여러분 애쓰신다. 일하다가 어려움이 있으면 나를 찾아라, 해결해주겠다"라고 했어요. 그중에 어떤 사람은 줄을 잡았다고 생각했을 테고, 저한테 이야기해준 사람처럼 '별 쓰레기 같은 놈이 다 있다'라고 생각한 사람도 있고 그랬죠. 하여튼 그때 분위기가 그랬어요.

정리하자면, 서로 위기를 맞았다는 점과 BBK 효과에 TK와 고대 인맥이 작용해 구체제로 돌아간 것이라고 봐요. 앞서 말한 것처럼 "말기암 판정을 받고 나서도 다음 보직을 걱정하는 게 검사"인데, 정권이 저렇게까지 노골적이고 분명한 사인을 주니까 거기에 줄을 선 거죠. 그 상태로 박근혜정부로 이어졌고요.

최강욱 말씀 듣다가 두가지가 떠오르는데, 일단 천신일 얘기와 연관 지어서 한명숙 총리의 2차 사건에서 돈을 줬다고 했다가 번복한 한만호 사장에 대해 얘기를 하고 싶어요. 협조하는 상황에서는 계속 대접을 해주잖아요. 불러내서 맛있는 거 사주고 진술 연습도 시키고요. 그런 걸 하는데, 어느날은 검찰청 화장실을 대대적으로 청소하고 난리가 났더래요. 그래서 왜 그러느냐고 했더니 직원들이 VIP가 오신다고 하더라는 거예요.

한만호 사장은 법무부 장관이 순시라도 하는 줄 알았대요, 군대처럼. 그런데 다음날 천신일이 구속되더라는 거예요. 사실 천신일이 VIP라고 표현할 정도는 아니잖아요. 이명박과 가까워서 그런가보다 했는데, 지금 김의겸 기자 말씀을 듣고 보니 천신일은 검찰 수뇌부의 은인이니까 정말 VIP가 맞네요.

그때 한만호 씨가 어떤 검사를 화장실에서 만났대요. 한만호 씨가 "검사님 고생이 많으시네요"라고 인사를 건네면서 이렇게 물었대요. "저희는 한 총리 사건이 크니까 검사님들이 밤을 새운다지만, 검사님은 뭐 때문에 남아계신 겁니까"라고요.

그 검사가 '천신일이라는 사람이 왔는데 너무 지저분한 게 많아서 털어줘야 된다, 그걸 하느라 집에 못 간다'라는 얘기를 하더라는 거예요. 한만호 씨가 그 얘기를 듣고 구치소로 돌아가는데, 돌아가는 차 안에서 검찰청 불빛이 환하게 보이잖아요. '저 가운데서 반은 정치권력을 위해 엄한 사람을 죽이려고 하고, 또 일부는 나쁜 놈을 권력과 가깝다는 이유로 봐주기 위해 밤을 새우는구나'라고 생각하니까 자기가 정말 쓰레기 같다는 생각이 들더라는 거예요. 내가 이 사람들한테 이렇게까지 해야 되나 싶고요. 그때부터 마음먹고, 이제 내 일을 적어봐야겠다는 생각으로 기록을 했다고 해요.

법을 기록하는 사람의 일상

최강욱 마무리 질문을 드릴게요. 『노무현은 왜 검찰은 왜』(박희준, 글로벌콘텐츠 2010)를 보면 법조팀 기자들의 일상이 이렇게 쓰여 있습니다.

"매일 아침은 책 두께가 될 정도의 타지 보고용 자료를 넘기는 일로 시작된다. 법조 기자실에는 아침마다 조간신문 스크랩 자료가 배포된다. 자료가 두꺼울수록 물을 많이 먹었다(낙종을 많이 했다)는 얘기다. 오전 보고가 끝나면 그날의 취재거리를 놓고 회의를 한 뒤 본격 취재에 들어간다. 담당 기획관의 브리핑 후 기사 작성을 하고 초판을 마감하면 고된 '점심수업'이 끝난다. 저녁식사 후 방송뉴스 확인과 새로운 팩트 취재를 마치면 '야간수업'이 종료된다. 이따금 소환조사나 구속영장 발부 결정이 늦어지면 자정을 훌쩍 넘겨 '심야수업'을 하기도 한다."

법조 기자들은 회사에서도 골라 뽑잖아요. 정치부와 법조팀이 그렇다고 들었는데, 정작 법조에 간 사람들은 힘들어하고, 싫어하고 그러는 걸 봤어요. 법조 기자가 일상에서 어떤 일을 겪는지 스케치해주셨으면 해요.

김의겸 법조 기자가 힘든 게, 예전 우리가 출입할 때만 해도 밤에 술을 마시고 그랬는데, 지금도 물론 술자리가 있기는 하겠지만 무척 어려워요. 큰 사건이 터지면 검사들이 술 마실 여력이 어딨어요, 수사해야죠. 출입이 허용 안 되는 저 너머에 취재 대상이 있는 거니까 취재가 어려워요. 요즘은 다 막아버리고 보안카드 찍어야 들어갈 수 있으니 아예 접촉이 안 돼요.

검사들 만나려면 그 사람들이 새벽 한두시까지 일하고 눈 좀 붙이러 집에 들어갈 때 집 앞으로 찾아가야 얼굴을 좀 볼 수 있는 거예요. 그리고 검사들은 일단 전화를 안 받아요. "말은 못하지만 전화는 받을게." 이런 정도도 굉장히 공을 많이 들여야 가능한 거거든요. 그런 관계를 만들어내려면 힘든 거죠.

최강욱 그래서 평상시에도 만나고 인간관계를 만들어놓는 거군요.

김의겸 만들어놔야 위기 상황이 왔을 때 한번씩 덕을 보는 거죠. 검사가 언론플레이를 하잖아요. 저도 덕을 본 거라면 이런 거예요.

1997년 김영삼정권 말에 김현철(金賢哲) 국정농단 사건이 터졌어요. 출근 중에 전화가 울려 전화기를 꺼냈는데, 모르는 검찰청 번호예요.

받았더니 굉장히 높은 분이 직접 "김기자, 애쓰고 있어, 기사 잘 보고 있어" 하면서 툭 던져줘요. "오늘 새벽에 누가 왔다 갔어. 그 의미는 김기자가 잘 알겠지? 다른 사람은 모르고, 김기자 혼자만 알려준 거니까 다른 데다가는 얘기하지 마" 하고 툭 끊어버려요.

그 한마디, '누가 왔다 갔다' 이 한마디를 갖고 1면 톱 전체를 쓸 수 있어야 돼요. 이미 백그라운드 사건 취재가 되어 있어야 하는 거죠. 검찰도 자기들 나름대로 언론 대응을 하는 거예요, 그게. 이 기사를 어느 언론사의 누구한테 주면 효과를 볼지 따져보는 거죠.

그건 검찰 측에서 결정하는 거잖아요. 기자 입장에서는 검사들이 자기를 선택할 수 있을 만큼 인상을 남겨야 되는 거예요. 요즘은 어떤지 모르겠습니다만, 취재 패턴이나 방식은 비슷하겠죠.

최강욱 그때 누가 왔다 갔다는 말이었어요? 김현철을 조사했다는 말이었어요?

김의겸 김현철의 정치 사조직이 있었어요. '나라사랑청년회'라고, 줄여서 '나사청'이라고 불렀던 것 같아요. 그쪽은 수사를 안 하고 있었어요. 김현철 사건이 주로 돈 문제, 알선수재 이쪽이잖아요. 수사가 그쪽으로만 가고 있으니, 기자들도 김현철의 정치조직이나 공천 문제에 대해서는 신경을 못 쓰고 있었죠.

돌이켜 생각해보면 검찰 수뇌부 입장에서는 당시에 청와대와 의견 조율이 안 됐던 거예요. 보통 국민들이 생각하기에는 김현철이 구속되는 게 맞잖아요. 그런데 청와대에서 YS가 막았어요. 그러니까 검찰에서는 '계속 막으면 우리가 수사를 확대할 수밖에 없다, 김현철 개인만이 아니라 나사청이나 정치조직으로까지 수사 범위를 넓힐 거다'라는 사인을 보내야 하는데, 그 소스를 누구한테 주면 가장 효과적일까 생각하다 저를 선택했던 것 같아요.

최강욱 자, 이제 마지막 질문입니다. 검찰의 힘을 뺀다고 하면 수사권 조정이 당연히 뒤따라야 하고요, 검찰을 견제하고 감시하는 기구도 있어야 하는데 어느 게 더 우선이라고 생각하시는지 여쭤보고 싶습니다. 검·경 수사권 조정 문제와 공수처 설립 문제 중에서요.
경찰에 수사권을 주고 검찰은 수사지휘권과 기소권만 보유하자는 이야기가 나오면 "경찰이 더 썩었는데 어떻게 믿냐"라는 말이 바로 나오잖아요. 검찰·경찰을 다 겪어보셨는데, 어떨 것 같으세요?

김의겸 하기는 해야 할 것 같은데, 전폭적·전면적으로 하기보다는 권한을 점차적으로 조정하면서 진행할 수 있는 방법을 찾았으면 해요. 그리고 경찰도 15만인데 권한이 집중되면 검찰 못지않은 권력을 가지게 되잖아요. 그것도 지방경찰별로 끊어서 한다든지, 지방경찰화를 먼저 해놓고 검찰이 가진 수사권 가운데 일부를 넘겨주는 방향으로 가야 할 것 같아요.

분할해서 1단계 2단계 3단계 등 단계별로 넘겨줄 수 있는 것 아닌가 생각해요. 개혁이라는 게 한꺼번에 할 수도 있지만 이게 문화와도 연관되는 문제잖아요. 장기적인 로드맵을 갖고 우선 실패하더라도 시행을 하되, 점차적으로 해보는 건 어떨까 생각합니다.

최강욱 국민들이 마음이 급하잖아요. 적폐청산이 시대정신이 되다보니 검찰을 확실하게 손봐야 한다는 이야기를 많이 하고, 후보들도 그걸 제1 과제처럼 이야기하지만, '당장 잡으면 뭐부터 할래, 어떻게 할래'라고 물으면 답이 안 나오더라고요. 그래서 여쭤본 겁니다. 오늘 고생 많으셨습니다. 감사합니다.

김의겸 감사합니다.

최강욱
vs.
금태섭

검찰공화국의
'내부자들' 이야기

― 검사가 고백하는
검찰의 속내

금태섭
琴泰燮

1968년 태어나 대학에서 법학을 전공했다. 대검찰청, 서울중앙지검 등에서 12년간 검사로 일했다. 검사로 재직 중이던 2006년 『한겨레』에 「현직 검사가 말하는 수사 제대로 받는 법」 등을 연재하면서 검찰을 발칵 뒤집어놓았다. 이후 변호사로 활동해오다 제20대 국회의원으로 당선되어 국회 법제사법위원회, 여성가족위원회, 예산결산특별위원회 위원과 당 대변인 등으로 활동해왔다. 지은 책으로 『이기는 야당을 갖고 싶다』 『확신의 함정』 『디케의 눈』 등이 있으며, 『세상을 바꾼 법정』을 번역하기도 했다.

검찰에 대한 오해

최강욱 이번 20대 국회 법제사법위원회(이하 법사위)로 누가 가느냐가 한때 뉴스였습니다. 항간에서는 '검찰은 조응천(趙應天)이나 금태섭 의원 같은 검찰 출신이 법사위에 들어가는 걸 좋아하지 않겠지'라고 말하던데요. 내부 사정을 잘 아는 사람이 들어가는 게 검찰에겐 부담스럽다는 뜻이겠지요?

금태섭 검찰 측이 '속에 구린 걸 많이 숨기고 있는데 우리 사정을 잘 아는 금태섭이나 조응천이 오면 어쩌지?'라고 염려했으리라고 짚었다면, 검찰을 이해하는 첫 걸음부터 잘못된 거예요.
　검사들은 기본적으로는 자기들이 일을 참 잘한다고 생각해요. 그러니 '우리 사정을 잘 아는 사람들이 오면 우리가 오해 받고 있는 것들을 풀 수 있겠다'라고 생각하지, 뭔가 폭로할 거라고 걱정 하진 않습니다.

법무부에 소속된 검사들 또한 대개 20년 가까이 검사로 생활한 사람들이기 때문에 검찰 출신이 법사위에 왔다고 겁을 먹거나 싫 어하지는 않아요. 검찰이라는 기관이 해방 이후 70년 가까이 이어 져온 조직이기 때문에, 그 내부 논리를 잘 아는 우리가 외부인에 비해 훨씬 소통하기 낫고 서로 이해할 여지가 많다고 생각하죠.

저 같은 검찰 출신들은 검찰에서 사실과 다르게 이야기하면 정 확히 알 수 있지요. 그게 다른 의원과 차이점이긴 해요. 하지만 그 건 검찰이 국회의원 보는 마음가짐이 좀 달라지는 것뿐이지, 오는 걸 싫어했다는 이야기는 못 들었어요.

최강욱 국방부의 경우는 정의당 김종대(金鍾大) 의원이 국방위원회 에 들어가는 걸 굉장히 걱정했거든요. 군대야말로 수십년간 권력 기관으로 있으면서 적폐가 쌓인 곳이니까, 그 내부 사정을 잘 아 는 사람이 오면 적폐를 깨지 않을까 걱정하는 거죠. 검찰은 오히 려 자신들이 국민에게 오해받고 있다며 억울해한다니, 조직적인 특성이 국방부와 다른가봅니다.

금태섭 검사들은 엘리트 의식과 자부심을 갖고 있다는 면이 조금 달라요. 물론 군에서도 엘리트들은 자부심이 있겠지만, 전체 규모 가 무척 크잖아요. 60만이라는 대군이 있다 보면 사고가 나고 어 디선가 부정부패도 이루어지지요. 그런데 검찰은 지금 자신들의

숫자가 많아봐야 이천몇백명 수준이니까 어느 정도는 관리가 된다고, 큰 문제는 안 된다고 생각하는 거예요. 검찰 부패사건이 많이 일어나지만 검찰 내부에서는 기본적으로 '다른 분야에 비하면 많지 않다'고 여겨요. 김형준(金瀅俊) 부장검사 사건이나 진경준(陳炅準) 검사장 사건 같은 것은 그야말로 예외적인, 개인적인 비리로 치부하죠. 국민 대상으로 이미지 조사를 하거나 여론조사를 하면 청렴성 부문에서 검찰이 독보적으로 꼴찌를 하고 있는데도, 검사들은 그건 잘못 알려진 거라고 생각해요.

최순실 특검 때도 그랬지만, 국민들이나 심지어는 야당에서도 검찰 보고 잘하라는 얘기를 해요. 불신이건 환호건 검찰에 대한 반응이 이렇게 많은 나라는 없어요. 전세계적으로 검찰이 국가와 사회에서 이렇게까지 큰 역할을 하는 곳은 우리나라뿐이에요. 얼마 전에 미국 대선이 있었죠. 힐러리나 트럼프, 또는 그 이전의 오바마나 매케인 등 역대 미국 대선에서 검찰개혁이 공약으로 나온 적이 한번도 없어요. 영국도 없고 프랑스도 없고 독일도 없죠. 그런데 우리나라는 매번 대선마다 검찰개혁이 공약이에요.

검찰이 이명박-박근혜 정부에서 국민들이 생각하는 상식과는 다른, 왜곡된 수사결과를 내놨을 때 잘못됐다고 하고, 최순실 사건 등을 검찰이나 특검이 헤쳐나갈 때 잘했다고 하는 것 자체가 저는 잘못됐다고 봐요. 총체적으로 놓고 봤을 때, 선진국 문턱에 있거나 선진국인 어느 나라에서 사회 갈등을 검찰이 풀어주나요? 수사권을 본래 갖지 말아야 할 검찰이 수사를 굉장히 잘하는 것도, 검찰 출신 정치인들이 국회에 진출했다고 '검찰 큰일났다'면서 관심을 갖는 것도 비정상적인 거예요. 우리 사회의 문제를 검찰이 해결한다는 것, 그것 자체를 고쳐야 합니다.

검찰에 중독된 사회

최강욱 얼마 전에는 청와대 민정수석실에서 근무하던 검찰 출신 행정관들이 법무부 재임용을 거쳐 검찰로 복귀한다는 보도가 있었죠. 참여연대에서는 이를 '편법 파견근무'라며 비판했고요. 국회에서는 파견 검사의 검찰 복귀를 2년간 제한하는 검찰청법 개정안을 내놓은 것으로 알고 있습니다.●

제 기억으로는 박근혜조차 말로는 '검사 파견을 금지하겠다'고 했어요. 하지만 그렇게 못하는 이유가 있죠. 참여정부에 파견 나가 있던 검사들 얘기를 들어보면, 사람들은 검찰 측이 필요해서 청와대에 파견하는 걸로만 생각하지만 실제로는 오히려 검사들이 파견을 나오지 않으면 권력자 입장에서 못 견딘다는 거예요. 즉 '청와대가 필요해서 이런 편법을 관행화한 측면이 크다'는 얘길 합니다. 이것 역시 검찰의 비대해진 모습, 권력과 가까워진 모습과 떼어서 생각할 수 없지 않나요?

금태섭 스폰서 검사 문제가 몇십년째 불거지고 있는데, 대한민국 검사라고 날 때부터 부패하고 외국 검사라고 날 때부터 청렴한 건 아니죠. 근데 사업하는 사람들이 검사한테 술을 사주거나 골프에 데려가거나 친하게 지내려고 하는 건 우리나라뿐이에요. 우리 사회에서 검사가 굉장히 힘이 센 거예요. 힘이 세서 사회적으로 영향력을 행사해요. 그러니까 당연히 정권에서도 숫자도 몇 안 되는 검사를 조종해서 사회를 컨트롤할 작심을 하죠. 정치권력과 가까운 게 문제가 아니라 애초에 검찰의 권한이 너무 센 거예요.

● 2017년 2월 9일 여야는 국회에서 청와대 파견 검사의 검찰 복귀를 2년간 제한하기 위한 검찰청법 개정안에 합의했고, 이 안은 2월 23일 본회의에서 통과되었다.

최강욱 검찰이 많은 권한을 갖고 있으니 그걸 활용하는 게 권력자 입장에서는 편한 것이고요. 그나마 차이가 있다고 할 수 있는 건 참여정부의 민정수석들은 검찰 출신이 아니었다는 거예요. 문재인, 전해철, 그리고 박정규는 검찰 출신이지만 떠난 지 오래됐고요. 박근혜정권의 우병우나 김영한(金英漢)처럼 검찰 퇴직한 지 얼마 안 된 사람들은 시키지 않았었죠.

당시, 그러니까 17~18대 의원들 이야기를 들어보면 그때 검찰 출신이 아닌 사람이 민정수석을 했던 게 너무 힘들었다고 해요. 거기서 모순된 입장을 읽었어요. 당시 열린우리당이 겉으로는 '검찰 권한을 쪼개야 한다' '검찰 제도를 바꿔야 한다'라는 이야기를 하면서, 내심으로는 자기들의 목표를 신속하게 해결하려면 검찰을 내세우거나 이용해서 치고 나갔어야 하는데 그걸 못한 것을 아쉬워했던 것 같아요.

금태섭 정권 입장에서는 검찰이라는 대단히 좋은 무기를 버리기가 싫은 거죠. 자기들이 잘해서 다음번에도 정권 잡을 거라고, '설마 저런 나쁜 놈들이 정권을 잡겠냐'라고 생각해요. 또 자기들이 하는 건 옳은 거라고 생각하다 보니 검찰의 힘이 계속 안 빠지는 거예요.

게임의 틀 자체를 바꿔야 된다고 생각해요. 예전 군부 정권이나 이명박·박근혜 정부를 보면 언론 및 표현의 자유를 탄압하잖아요. 그러면서 많이 하는 게, 대통령 등에 대한 비판을 명예훼손으로 기소하는 거예요. 그런데 야당도 지금 그걸 해요. "저 박사모들이 유언비어를 퍼뜨리고 다니니 고소·고발해야 한다"라고들 하죠. 또 결국은 무죄판결이 났지만 MBC「PD수첩」사건 때 보수지에서 다들 "왜 검찰에 가서 얘기를 안 하냐"라고 했어요. 기사 내용을 갖고 검찰에 가서 수사를 받으라는 게 같은 언론인끼리 할 말이 아니잖아요. 지금 야권에서도 보수지에서 이상한 기사가 나면 고발해서 검찰에 가서 자백하게 해야 한다는 식의 얘길 해요. 정말 어리석은 일이에요. 그건 상대방의 게임을 그대로 답습하는 것이기 때문에 못 이겨요. 결국은 또 검찰을 이용하게 되는 거잖아요.

막상 검찰에 기대면 당장 편하고, 또 검찰 쪽에서는 '우리가 안 하면 경찰이나 국정원에서 할 텐데 그게 낫냐'는 등 여러 논리를 갖다대죠. 검찰의 힘을 옳은 방향으로 쓰게 하겠다는 건 어불성설이에요. 그건 '절대권력은 절대 부패한다'라는 말을 말로만 하는 거지 이해는 못하는 거예요. 그런데 그런 비판을 하면 잘 안 먹혀요.

최강욱 어떻게 보면 우리 사회가 '검찰에 중독되어 있다'고 볼 수밖에 없을 것 같아요. 출세의 상징으로서, 다른 한편으로는 비난의 대상으로서 검찰에 다들 중독된 게 아닌가 싶어요. 검찰의 설명을 들어보기도 전에 "저 놈들은 원래 저래"라고 전제하기도 하잖아요.

검찰조직은 어떻게 운영되어왔는가

최강욱 검사가 되겠다고 결심하게 된 계기는 뭔가요. 금태섭 의원이 어느 인터뷰에선가 '아버진 판사였지만 난 검사를 택했다. 임관하고 5년까지는, 즉 그 조직을 잘 알게 될 때까진 조용히 있겠다. 내부의 어떤 점이 마음에 들지 않더라도 문제제기하지 않겠다'라고 말했던 기억이 나네요.

금태섭 우리가 대학 다닐 때는 검사를 누구나 싫어했잖아요. 저도 검찰로 갈 생각은 없었어요. 그런데 학생운동 열심히 하던 동기가 검찰을 지원하니 저도 '내가 무언가를 터부시해서는 안 되겠구나'라고 생각하게 됐죠. 그러다 보니 어느 순간 검찰이 재미있을 수 있겠다 싶었고요. 실은 그때 얼핏 '판사가 되면 선배 판사랑 같은 방을 쓰지만 검사는 자기 방이 있다'라는 이야길 들었는데 그 말이 꽤 와닿았어요.(웃음).

판사 아들로 살아서인지 어려서부터 왠지 모르게 검찰은 '무식하다'라는 인식이 있었어요. 제 성격도 그렇지만 우리 시대 자체가 그랬기 때문에 당연히 '검찰에 가면 마음에 안 드는 게 보일 거다' 생각했고요. '마음에 안 드는 게 있어도 일단 지켜보겠다'는 말은 그래서 한 거예요.

그 당시만 해도 명절이 되면 부장들이 불러서 떡값을 줬어요. 그러면 나는 그 떡값을 받아서 우리 직원들을 나눠줬어요. 일부는 제가 가져가고. 거기서 제가 할 수 있는 여러가지 선택지가 있는데 가장 강력한 건 고발하는 거였어요. 그다음에는 '나는 안 받겠다'라고 하는 거고요. 선배 검사들 만나면 "선배는 왜 변호사 만나서 밥 먹어요?"부터 지적할 일이 많잖아요. 그렇게 지적하더라도 검찰에 계속 있을 수 있고요. 하지만 누군가의 표현에 따르면 '피를 나눈 형제'는 될 수 없는 거죠. 형식상은 검사지만 검찰 사회에 못 들어가는 거예요. 그래서 5년간이라는 유예기간을 뒀어요.

떡값을 주는 일에 대해 "예전엔 검사들 월급이 너무 적었다"라면서 설명하기도 하잖아요. 실제로 적었고요. 검사 시절인 1995년에 술집을 열군데 단속하려면 경찰 수십명이 필요한데 그분들의 식사비를 내 돈으로 내야 했어요. 잡아온 사람들에게 식사를 제공하는 것도 전부 검사 돈으로 내야 하고요. 수사가 잘 돼서 성공하면 검사장이나 지청장이 격려금으로 30만원을 줬지만 턱없이 모자란 금액이죠. 더 옛날로 내려가면 직원 월급을 검사가 개인 돈으로 줬다고요. 언젠가는 경찰관 한명이 수사기록을 이면지에 적어오는 거예요. 그래서 검사가 불러서 야단을 쳤어요. 공식 기록인데 이게 뭐하는 짓이냐고요. 그랬더니 종이 값을 자기가, 즉 경찰 개인이 낸다는 거예요. 돈이 없는 거죠.

그래서 검사들도 수사비가 모자랄 때 엉뚱한 데서 돈을 받아쓰면 안 되니까 믿을 수 있는 검찰 선배들이 준다는 논리가 있었어요.

그렇지만 곰곰이 생각해보면 말도 안 되는 논리잖아요. 이 조직이 무슨 얘기를 해가면서 이런 일을 해왔나, 어떻게 자기를 속이고 있나, 이런 합리화의 논리를 저는 좀 들어보고 싶었어요. 5년

간은 조용히 내부 사정을 파악하고, 그후에 일년 정도 유학을 다녀올 수 있으면 다녀와서 내가 속한 조직에 대해 객관적으로 보고 책임을 지겠다고 마음 먹었죠. 그래서 『한겨레』에 글을 쓴 겁니다.

최강욱 그럼 처음부터 총장이 되고 싶어서 검사가 된 건 아니었네요.

금태섭 그런 건 아니었죠(웃음). 말은 그렇게 했지만.

최강욱 법원은 의정부 법조 비리, 대전 비리 사건 이후로 이런 관행이 없어졌잖아요. 검찰도 비슷한 시기인가요?

금태섭 비슷한 시기죠. 의정부 법조비리와 대전 법조비리 사건이 터지면서 많이 바뀌었어요. 그전만 해도 '전별금'이 있었잖아요. 이사를 갈 때 이사비가 나오긴 하지만 턱도 없이 부족하니까 이걸 십시일반으로 걷어서 주고 '품앗이'라면서 합리화해요. 이사 가는 사람이 있으면 서로 준다는 논리였지만, 외부에서 받는 게 있으니 문제였죠. 그게 의정부·대전 법조 비리 사건 때 없어졌어요.

최강욱 제가 판사 시보로 있을 때는 변호사들이 명절 등에 떡값 봉투를 들고 와서 배석들한테는 30만원, 부장들한테는 50만원씩 줬어요. 1990년대 중반의 액수가 그랬죠.

금태섭 검찰에서는 20만원, 30만원 이랬어요. 부장은 어떻게 되는

지 높은 분들이라 모르겠고, 전년도에 변호사 개업한 선배가 와서 20만원짜리 봉투를 부원 숫자대로 만들어와서 연차가 가장 높은 수석검사에게 줘요. 제일 높은 선배를 주는 거예요. 수석 방에서 불러서 가보면 그걸 나눠줬어요. 그런 식으로 봉투를 서너개 정도 받아오는 거예요. 설날이나 추석에는 50만원 내지 70~80만원 정도를 받아요. 그때 제 월급이 100만원이 안 되는 달이 일년 중 넉 달 있었으니까, 당시로 치면 큰 돈이죠. 그러면 우리 방에서 일하는 수사관과 직원에게 한 20만원씩 봉투에 넣어주고 저는 30~40만원을 갖고 가는 거예요. 1990년대까지 만연했던 관행이었죠.

최강욱 『한겨레』 이순혁 기자는 '20대 80'이라는 표현을 써가면서 검찰 내부의 격차를 이야기하기도 했는데요. 일반 지청의 검사와 서울지검 검사의 차이, 또는 검찰 중앙에 있는 검사와 그밖의 검사들의 차이가 정말 있는지 궁금하네요. 요즘은 좀 알려진 편인데, 검찰 내부에 '사위족'이라는 게 있잖아요. 검사들 스스로도 자기가 원했던 임지에 못 가면 "내가 경기고만 나왔어도"라고 하거나 우리 전주사람들 같은 경우는 "내가 전주고등학교만 나왔어도"라고 하고, 서울대 출신이 아닌 경우는 "내가 서울대만 나왔어도"라고 해요. 공통적으로는 "내가 장가만 잘 들었어도"라고 하고요. 실질적으로 내부에서 이런 걸 피부로 느끼거나, 증거 있는 팩트로 여기고 있는 건가요?

금태섭 검사들뿐 아니라 공무원이라는 게 인사가 전부인데, 승진에서 물 먹거나 하면 와닿죠. 출세에 목을 매지는 않더라도요. 저는 어차피 서울 출신이어서 DJ정권 때나 영남정권 때나 마찬가지였는데, DJ정권 전에 호남하고 영남은 확연히 차이가 났어요. 경북고등학교 나온 검사들은 서울지검에서 부장까지 승진하는 건 당연하게 생각했죠. 그다음에 검사장이 되느냐 마느냐인데, 호남 출신은 서울지검 부장검사 되기가 정말 어려웠어요.

현재도 어느 정도는 이런 식으로 지연과 학연이 영향을 미치는데, 한편으로 이런 측면도 있어요. 사람이라는 게 중요한 자리에 가서 중요한 역할을 하면 발전하잖아요. 처음에 좋은 자리에 가면 잘하는 거죠. 똑똑한 사람도 이상한 자리에 가다 보면 못하게 되고요. 소위 사위족이라는 것도 그런 면이 많이 작용해요. 검찰 등 힘있는 사람들이 사위를 고를 때 나름은 똑똑한 사람들을 고르니까 실력도 뛰어난 경우가 많은 거예요. 누군가의 사위라는 사실만으로 잘 되는 경우는 별로 없는 거 같아요. 복합적이죠.

최강욱 자존심이 강하고 엘리트 의식이 강한 검사들이, 실제로 마음이 그런지는 모르겠지만 잘 나가는 상급자나 선배를 만나면 굉장히 굽실거리는 모습을 봅니다. 그건 행여나 그런 사람들 눈 밖에 나면 불이익을 받을지 모른다는 불안감을 느껴서 그런 것인가요, 아니면 내가 엘리트로서 선배에 대한 존경심을 표현하는 게 당연한 예의라고 생각하는 건가요?

금태섭 문화 자체가 미개하고 남성적이죠. 그 문화를 싫어하는 사람들이 그중에서도 가장 싫어하는 게 폭탄사잖아요. 폭탄주 마시면서 "아, 훌륭하신…"이라면서 아부하는 것 말이에요. 사실 대부분의 검사들은 그걸 재미있어 해요. 내가 이 사람한테 아부해서 뭘 얻겠다는 게 아니라 그게 좋은 거예요.

그게 익숙해지다 보니까, 거기에 안 맞추면 싫어하고 그런 경향이 점점 심화돼요. 약간 미묘하긴 한데, '같이 저녁 먹고 소주 한잔을 하다가 나와서 선배한테 택시를 잡아드린다' 하면 그게 보기에 따라서는 "세상에 어떻게 저렇게 아부를 하냐" 이럴 수도 있지만(웃음), 선배들은 "우리 때는 그랬다"라면서 후배들이 그렇게 해주면 칭찬하고 좋아하는 거예요.

최강욱 권력기관 특유의 타이트한 상명하복 문화가 있잖아요. 그런 곳은 대부분 문화가 비슷한 것 같습니다. 검찰이 현재의 막강한 권한을 갖게 된 이유를 역사적으로 따져보면 과거의 제헌국회(1948.5.31~1948.12.18)로 거슬러올라가죠. 제헌국회를 수립하지 못하고 있을 당시의 의사록을 보면, 경찰들의 문제가 너무 심각하니까 '경찰을 통제할 수 있도록 검사들에게 권한을 주어야 한다'라는 언급이 나와요. 형법에 인권옹호 직무방해죄를 만들기도 했죠. 그런데 세월이 흐르다 보니까 검찰에 권한이 과도하게 집중되어버린 거죠. 조금씩 나아진 것도 있기는 하지만, 과거에는 경찰을 검찰의 하부기관으로 인식했잖습니까. 어느 경찰관이 '나는 검찰 수사관 해보는 게 소원이다, 그게 안 된다면 검찰 파견 경찰관을 죽기 전에 꼭 해보고 싶다'라는 얘길 했었어요. 송치 사건 들고 가면 모욕 주는 경우도 많고 심지어는 수사관이 경찰을 때리기도 했고요. 누군가는 '검사는 의사고, 경찰은 간호사다'라는 말을 하기도 했죠.

금태섭 완전히 잘못된 거죠. 옛 시대의 잔재로, 형사소송법 만들 때 "검찰파쇼가 그래도 경찰파쇼보다는 낫다"라는 얘기가 있었잖아요. 일제시대에는 경찰이 너무 센 거예요. 이 사람들을 잡을 소수 정예가 필요하니까 검사들에게 막강한 힘을 실어준 거고, 전국 각지에서 경찰들도 제대로 된 모습이 아니었죠. 경찰들이 사람들을 괴롭히는 걸 시정하기 위해서 암행어사 두듯이 검사를 뒀으니까, 그때는 검사가 와서 공손하게 하면 역할을 수행하기가 어려웠어요. 지방에 가면 검사들은 2년을 근무해요. 좀 알 때쯤 되면 떠나요. 그런데 경찰들은 거기에 수십년을 있어요. 새파랗게 젊은 검사가 지역 사정을 잘 아는 경찰과 부딪히며 제 역할을 해야 하니 권한도 주고 '먼저 인사하지 말라'거나 '공손하게 굴지 말라'는 식으로 가르쳤던 건데, 우리 때만 해도 많이 없어졌죠.

말하자면 검찰의 권한이 대폭 커진 것은 비정상적인 상황, 국가가 제대로 기능하지 않았던 상황 때문이에요. 경찰 내에 일제시대에 헌병 하던 사람들이 워낙 많고 그때의 습성이 강하게 남아 있었던 거죠.

『한겨레』 기고문 '수사 제대로 받는 법'

최강욱 금 의원은 지겹게 들어온 질문일 수 있겠는데요. 2006년 『한겨레』에 기고하신 「현직 검사가 말하는 수사 제대로 받는 법」 이라는 글이 큰 논란이 된 적이 있어요. 현직 검사가 직접 쓴 것이 어서 큰 의미가 있었던 글이죠. '수사는 수사기관에게 변호는 변호사에게' '피의자와 피고인은 검사와 동등한 주체' 등의 주제였는데, 당시 글을 쓰실 때 어떤 점에 주안점을 두셨나요. 그리고 어떤 후폭풍이 있었는지도 이야기해주세요.

금태섭 우리나라는 참고인, 즉 사건의 증인이 될 사람이나 목격자 등을 검찰이 부를 방법이 없어요. 안 나오겠다고 하면 못 불러요. 제가 예전에 묘한 교통사고를 수사했는데, 목격자한테 전화해서 한시간 반을 설득했지만 조사받으러 안 나오겠다는 거예요. 법이 좀 잘못됐다는 생각이 들죠. 실제로 그러면 사건이 해결이 안 돼요. 그 사건을 맡은 검사는 무능한 검사로 찍히게 되고요. 위에서는 "아니 왜 검사가 사람을 못 부르냐" 하는데, 그건 법에 없는 권한을 행사하는 거예요. 검찰이 이 사회에서 지나치게 큰 역할을 하고 사람들이 거기에 익숙해져서 그게 가능하다고 생각하는 거죠. 심지어 피의자도 아니고 그냥 목격자인데 전화해서 "안 나오면 가만히 두지 않겠다"라고 하면 그런 줄 알고 나가요.
  저는 이런 문제를 고치려면 일단 '법대로' 하는 게 정착되어야 한다고 생각했어요. 그런데 검사와 일반인이 가진, 법과 체계에 대

한 정보량이 너무 차이나잖아요. 일반인이 평생에 한두번 검찰청
가기도 어려운데 법에 묵비권이 있다고 백날 얘기해봤자예요. 가
자마자 "사람 왜 때렸어?" 하고 물어보는데 "말 안 하면 안 되나
요?"라는 말이 어떻게 나오겠어요. 조사하는 사람들도 기술이 있
는데요. 그래서 검사가 얘기를 해주면 어떨까, 그것 하나로 검찰이
개혁된다고 본 건 아니지만 법대로 하는 방향으로 갈 수 있지 않
을까 생각했는데 잘 안 된 거죠.

최강욱 저는 기자를 통해서 그 원고를 먼저 봤어요. 기자가 "검사가 이런 글을 기고하겠다고 하는데 어떻게 생각하세요?"라고 물었을 때 제가 진짜 검사냐고 몇번을 물었어요. 이 친구가 과연 검사 생활을 할 수 있을지 걱정이 된 거예요. 글쓴이가 문제가 되면 관두겠다고 하더냐 이런 걸 기자한테 물었어요. 그랬더니 "당사자는 법대로 하자고 하는 게 무슨 문제가 되느냐면서 자신감이 있는 것 같습니다"라고 하더라고요. 그건 기자에게 기고에 대한 본인의 참뜻을 전달하기 위해 보였던 자신감이었나요?

금태섭 제 머릿속에 여러가지 시나리오가 있었어요. 검찰에서 '이 친구가 정말 훌륭한 생각을 했네'라고 할 가능성도 있고, 아니면 징계를 해서 쫓아내는 방법도 있겠죠. 그런데 징계는 제가 생각했을 때 도저히 불가능했고, 여러가지 가능성 중에서 '이걸 끝까지 쓰게 할 거다'라는 게 가장 개연성 있다고 생각했어요. 못하게 하면 탄압이 되고 저를 영웅 만들어주는 거였을 뿐 아니라, 이게 대단한 내용도 아니니까요. 뭘 폭로하는 것도 아니었잖아요. 쓰게 한 다음에 인사에서 조용히 불이익을 줄 거라고 생각했어요.

최강욱 지방으로 보내는 걸 생각하신 건가요?

금태섭 공무원이라는 게 그렇게 한직을 한 10년 다니면 인생이 규정되어버려요. 그건 내가 감수하겠다고 결심했어요. 그런데 이때는 내 진심도 중요하지만 사람들에게 내가 어떻게 보이느냐 하는 것도 중요했어요. 첫째로 누가 봐도 내가 승진도 다 막혔고 사표를 쓰든지 해야 하는 상황이었다면 '저 자식이 갈 길이 없으니까 저러는구나' 할 텐데 그렇게는 안 보일 거라는 자신이 있었고요. 두번째로는 그전에도 검사들이 필화사건을 일으킨 일이 몇번 있었는데, 대개 신문에 '검찰이 독립성이 없다'는 등 칼럼을 하나 쓴 다음에 바로 사표를 내고 나가서 선거에 출마했잖아요. 저는 그런 쪽으로는 전혀 생각도 없었고 그러지 않겠다고 마음 먹었거든요.

우리는 변호사를 할 수 있으니까 다른 직업 가진 사람들에 비해서 사표 내고 나가는 건 어렵지 않았고, '나한테 가장 힘든 일은 두세차례, 6년 내지 10년간 시골을 도는 것일 거다'라고 생각했죠. 사표를 안 쓰겠다고 결심하고 그걸 각오했어요. 적어도 양심에 찔릴 것은 하나도 없다고, 스트레스는 받았지만 잘못한 건 아니라고 그때도 지금도 생각해요.

최강욱 결과적으로 보면 본인이 예측했던 것과 다르게 됐어요. 검찰이라는 조직의 수준이나 윗사람들의 생각을 오판했다고 보시나요?

금태섭 제가 벌인 일의 성질상 윗사람들하고 의논할 수는 없었는데 이심전심으로 내가 왜 이걸 하는지를 그 똑똑한 검사장들 중에서 몇 사람은 알 것이라고 생각했고 실제로 알았었다고 봐요. 그런데 당시 총장이 너무 화가 난 거예요. 말하자면 자기의 권위에 대한 도전으로 받아들인 거죠. 그래서 그 검사장들이 말을 못했어요.

제가 그때 12년차였는데, 20년 넘은 검사장들이 "이거 그냥 쓰게 합시다"라고 말만 거들면 되는 걸 총장 눈치를 보면서 못하는 거예요. 저는 총무부로 재배치를 받았는데, 사실 해고시키는 것처럼 일도 안 주고 늦게 출근해도 뭐라고 안 해서 편했어요. 당시에 전자결재 시스템이 공무원 조직에도 도입되었어요. 통과하는 결재 있잖아요. 총무부에 있으니까 사무국에서 올라온 것에 사인을 했는데, 그걸 총장이 체크해서 "금검사가 왜 이 일을 하느냐"라고 한 거예요. 사실 일도 아니고 그냥 체크를 하는 건데, 전혀 일을 하지 못하게 하라는 거죠. 내가 시골에 가서 검사 생활을 하는 건 얼마든지 죽을 때까지 할 용의가 있는데 일을 하지 말라 그러는 건 견딜 수가 없었죠.

최강욱 그건 그럼 무슨 말이에요. 그냥 앉아 있게만 하라는 거예요?

금태섭 그렇죠, 앉아 있게만 하고 일을 주지 말라는 거죠. 그때 총무부장이 참 좋은 분이었는데 아주 미안한 얼굴로 저를 불러서 그 일을 하지 말라는 거예요.

당시 총장님에 대해서도, 검사장들에 대해서도 굉장히 실망했죠. 그때 나로서는 양심에 손을 얹고 생각해봐도 거리낄 게 없을 정도로 선의를 갖고 글을 썼는데, 그걸 권위에 대한 도전으로 받아들인다면 내가 애초에 결심했던 것과 다르게 사표를 쓰고 나가도 미안하지 않겠다 해서 사표를 쓰고 나왔어요.

경제적으로도 손해를 많이 본 셈이었어요. 변호사로 막 개업했는데, 사건 의뢰인들이 제 평판을 알아보려고 하면 주변에서 "금 변호사는 훌륭한 사람이긴 한데 검사들이 다 싫어해, 검찰에서 찍 혔어" 이렇게 되니까요.

최강욱 그때 내부에서 "금태섭이 잘못했다"라고 말을 하려면 법률 가로서 법리에 맞게 논리적인 설명을 할 수 있어야 하잖아요. 뭐 라고들 할까 되게 궁금했어요. 예를 들면 '금태섭이 형사소송법을 잘못 이해하고 있다'라거나 '피의자의 권리에 대해서 오해하고 있 다'라거나, 최소한 그 정도의 이야기를 하고 그다음에 조직 내부 와 상의를 안 했다느니 돌출 행동이라느니 조직인의 자세가 아니 라느니 하는 이야기가 나오기를 바랐는데 그런 얘기가 일체 없었 잖아요. 논리적인 설명을 전혀 못하고 일관되게 감정적으로 대응 하더라고요.

금태섭 맞지는 않아도 논리적인 설명을 하려고는 했어요.

최강욱 무슨 논리가 있었죠, 그때?

금태섭 피의자에게 불리하다는 거였어요. '자백을 하는 게 유리하 다'라고요. 세상에 그게 말이 됩니까. 그러면 진술거부권이 왜 있 겠어요. 그런데 그런 이야기들을 뻔뻔스럽게 하더라고요.

최강욱 그건 논리가 아니죠. 논리를 가장하는 거죠.

금태섭 언론과 접촉할 수 있는 자리에 있는 검사들이 당시에 "금태섭이 틀렸다, 자백을 하는 게 맞다"라고 이야기를 해서 답답했는데, 나중에 소위 '스폰서 검사' 사건이 나서 문제가 됐던 검사장들이 사회적으로 매장당할 지경에 이르렀던 일이 있어요. 그래서 그 사람들을 위해서 선배 검사들, 그리고 검찰 출신 변호사들이 모여 의논하는 자리가 있었어요.

저도 변호사일 때, 예전에 상사로 모셨던 부장검사가 만나자고 해서 고민하다가 만나러 나갔어요. 성접대를 받았다는 혐의를 받고 있었고, 황금시간대 뉴스에 최승호(崔承浩) 피디한테 욕한 게 나왔으니까 지금 전국민이 최순실 미워하듯이 미워하는 상태였죠. '가족한테도 면목이 없고 하니 만나자'라길래 고민을 하다 나간 거였어요. 죄는 밉지만 그래도 앉아 있었죠. 나보다 십년쯤 선배인 쟁쟁한 사람들, 검사장까지 마친 검찰 출신 변호사들이 와서 어드바이스를 해주는데 "한명숙이 어떻게 무죄가 났는 줄 아느냐, 말을 안 해서 그렇다"라는 얘기를 하는 거예요. 『한겨레』에 글을 썼을 당시 금태섭이 틀렸다고 했던 검찰의 논리가 틀린 논리였던 거죠.

최강욱 그간의 경력이 어떻게 되죠? 초임이 어디였죠?

금태섭 동부지검이 초임이었고, 그다음이 통영, 울산이었어요. 그다음에 미국유학을 다녀왔고, 인천에 잠깐 있었어요.

최강욱 인천에 적을 두고 대검에 파견을 갔던 거죠?

금태섭 네. 인천에서도 실제로 6개월 근무했고요. 그리고 대검에 3년 6개월 정도 있고, 중앙지검에 있다가 나왔죠.

최강욱 그때 당시에 이런 이야기들을 했어요. "이 친구가 오판을 한 근거는 수사를 많이 안 해보고 소위 기획검사여서 펜대만 잡고 있었기 때문이다. 수사 현장에서 벌어지는 일에 대해서는 깊은 고민 없이 자기가 가진 얕은 법률 지식에만 의거해서 이런 글을 써서 조직의 명예에 흠집을 냈다. 금태섭 말에 의하면 검찰이라는 조직은 피의자 권리도 제대로 보장해주지 않고 피의자를 속이거나 당당하게 권리를 침해해가면서 죄인으로 만들어가는 조직인 셈인데, 우리는 조직으로서 명예의 손상을 감당할 수가 없다." 금태섭은 수사를 안 해본 검사여서 그랬다라는 주장에 대해서 어떻게 생각하세요?

금태섭 제 입으로 이야기하기는 그렇지만(웃음) 저도 3년차 시절부터, 그러니까 초임 때부터 시작해서 사건을 많이 했어요. 그래서 우리 동기 가운데서 처음으로 중수부에도 갔고, 울산에 있을 때에도 계속 특수부에 있었어요. 검찰 수사라는 게 나중에 중수부 가고 서울지검 특수부 가면 모르지만 초반에는 다 맨땅에 헤딩하면서 진행한다고요.

1995년도에 검사가 되어서 96년도에 맡았던 공무원 뇌물 수수 사건은 아직도 기억이 나요. 분명히 이 피의자가 일처리를 이상하게 했어요. 여러 업체 중에서 한 업체에만 특혜를 주는 거예요. 돈을 주고받은 명확한 증거는 없고, 준 사람은 줬다고 해요. 피의자 불러서 물어보니까, 안 받았다는 거예요. 제가 처음으로 뇌물 사건 수사를 하는 거니까 우리 부서 선배를 비롯해서 동부의 스무명쯤 되는 선배들이 다 집에 안 가고 사무실에 앉아 있었어요. 친한 선배한테 가서 "아무래도 아닌 것 같습니다"라고 했더니 선배가 "걱정하지 말고 있으면 새벽 두시면 자백할 거다"라는 거예요. 제가 "그게 말이 되느냐" 그랬죠. 계속 똑같은 말을 바꿔가면서 물어보고 있기는 하지만 지금 계좌 자료가 있는 것도 아니고 사람이 무슨 두시에 자백을 하느냐, 했는데 거짓말처럼 두시에 자백을 해요. 나중에 두고두고 생각을 해봤는데 본인도 뇌물을 받고 싶어서 공무원이 된 건 아니잖아요. 마지막에 못 견뎌서 얘길 했던 것 같아요.

그렇게 수사를 시작해서 경험을 쌓아갔어요. 그 당시에 제가 대검 기획부서에 있었으니까 검찰에서는 "이 검사는 기획검사다"라고 말했지만 실제로는 그렇지 않죠. 이전까지 쌓아온 모든 경험으로 글을 쓴 거지 앉아서 법조문만 가지고 쓸 순 없는 거죠.

최강욱 본인이 수사를 안 해봤기 때문에 이렇게 했다는 이야기는 들어보셨어요? 제가 얘기하기 전까지.

금태섭 실제로 지도부에서 총장서부터 나서서 저를 내치려고 했을 때 어떤 일이 벌어졌느냐면, 후배 검사들이 저를 찾아오는 거예요. 모르는 검사들이 와서 "선배가 일한 것은 다 알고 있는데 이건 틀리지 않았냐"라고 주장해요. 그러면 저는 기가 막히죠. 진술거부권이 피의자에게 불리하다는 게 무슨 말이냐고요. 현직 검사인 아래 기수 사람들이 와서, 제가 틀렸다면서 그런 주장을 하는 거예요.

최강욱 틀렸다는 말이 그나마 근거를 가질 수 있는 지점은 이것 아닐까요? '와서 이야기를 안 하고 있으면 미운 털이 박혀서 더 가혹하게 취조하고 탈탈 털어간다'는 것 말이에요. 시민들은 이런 측면을 생각하고 쉽게 이해하고 있다고 하면서요.

금태섭 그렇죠. 제가 준비하다가 못 쓰게 된 두번째 글이 결정적이었어요. 우리가 조서를 받으면 형식적인 요건으로 지장을 찍잖아요. 그걸 찍지 말자고 글을 썼거든요. 저는 우리나라에서 왜 조서를 만드는지 이해가 안 가요. 그냥 녹음을 하면 되지 않느냐고요. 검사들을 만나보면 "우리가 허위로 조서를 쓰는 게 아니다" "자백 안 했는데 자백했다고 쓰지 않는다" "다 읽어주고 읽어보게 하고, 고쳐달라고 하면 고쳐준다"라고 하지만 비유하자면 조서란 남북회담을 하는데 북한이 회의록을 쓰는 거나 마찬가지예요. 전체를 속기하지 않고 요지만 써요. 다섯번 물어봤는데 다 부인하다가 한번 자백하면 그것만 쓸 수도 있는 거예요.

조서를 쓰는 방법은 법으로 정해져 있는데, 마지막에 지장을 찍고 접어서 간인을 하지 않습니까? 간인을 해야 이게 조서로서 효력이 있고, 피의자 본인이 도장만 안 찍으면 아예 증거로 못 써요. 다시 비유를 하면, 내가 남북회담을 했는데 북한 쪽에서 작성한 회의록에 내가 한 말을 거꾸로 쓴 건 없더라도 한 말 중에서 누락된 것도 있고 여러가지 요소가 있단 말이에요. 그게 정말 중요한 증거로 법원에 가는 거예요. 피의자가 거기에 도장을 찍을 이유가 없는 거죠. 그런데 검사들은 조사를 하고 나면 아주 습관적으로 조서를 내밀어서 도장을 찍으라고 해요.

이 조서 수사는 우리 수사에서 가장 큰 문제 가운데 하나예요. 검사들은 어떻게든 자백을 받으려고 하고, 조서를 조금이라도 검찰 측에 유리하게 사용하려고 하죠. 도장을 안 찍기 시작하면 그 관행을 없앨 수 있어요. 도장을 안 찍으면 어떻게 되느냐. 안 찍었다고 검사가 그걸 찢어버릴 수가 없어요. 이미 공문서이기 때문에. 나중에 피의자가 봐서 그게 유리하다고 생각되면 쓸 수 있고, 불리하다고 생각되면 도장만 안 찍으면 쓰지 못하게 할 수 있어요. 그런데 거기에 도장을 찍게 만드는 건 적극적인 거짓말을 하는 건 아니지만 나쁘게 말하면 속이는 거라고 생각해요. 함정에 빠뜨리는 거죠.

그래서 도장을 찍지 말자는 내용의 글을 썼던 건데, 검찰에서는 "그게 틀려먹었다"는 거예요. 그래서 "뭐가 틀렸냐, 그게 정말 필요하면 법을 고쳐야지 왜 법에는 조서에 지문을 찍어야 한다는 조항이 없는데 당신들 마음대로 하냐"라고 했죠. 정말 도장을 찍게 하려면 법에 그런 조항을 두어야죠. 혐의가 인정되어서 지문 찍는 건 영장을 받아서 찍게 할 수가 있어요. 그런데 조서에는 영장도 못 받아요. 완전히 자유의사란 말이에요.

"가장 큰 문제는 법하고 현실이 다르다는 것이다"라는 얘기를 썼는데 후배검사들을 보내서 그 얘기가 틀렸다는 거예요. 몇마디 해보고 나면 말이 안 돼요. 그 수준에서 나오는 얘기는 대개 "선거에 나가려고 기고를 했을거야"라는 거예요. 그런데 그 시기에 선거도 없었고 그게 정치적인 글이 아니잖아요. 한나라당 마음에 들 글도 아니고 열린우리당 마음에 들 글도 아니고요. 그때가 참여정부 끝나갈 때니까 청와대에 잘 보일 글도 아니고 시기적으로도 맞지 않으니까 그런 언급을 하다가 마는 거죠. 또 "유명해져서 변호사가 되어 돈을 벌려고 한다"는 얘기도 들었는데, 그때 제가 기자한테 "내가 10년이 넘도록 사회생활을 검찰 안에서만 해왔는데, 돈을 벌려고 하든 정치를 하려고 하든 검찰과 친한 상태에서 가야지 여기서 원수지고 가서 그게 되겠느냐"라고 말하곤 했죠.

변호사가 되어서 굉장히 후회스러운 게 하나 있어요. 당시에 스트레스를 너무 많이 받고 '이거 굶어죽는 것 아닌가' 하고 겁도 나서 『한겨레』에 글 썼을 때처럼 못했어요. 변호사로서의 윤리도 있고요. 의뢰인들에게 최선인 결과가 나와야지, 변호사의 최우선 목표가 '조금씩 한발씩 나아가서 우리 형사사법이 잘 되는 것'이 될 수는 없잖아요. 그러니 '가서 빌어라' 하게 되는 거죠. 그때 다 포기하고 잃을 것 없는 피의자들, 의뢰인들과 함께 평소 생각대로 밀어붙여보았으면 어땠을까 하는 후회가 있습니다.

최강욱 저도 비슷한 경험을 가지고 있기 때문에, 그 일이 있은 후로 금 의원과 심리적으로 가까워졌던 것 같아요. 수사하다가 문제가 생겨서 항의하거나 사표를 던지거나 하면 "정치하려고 저런다"라는 말이 항상 따라 나오잖아요. '어쨌거나 이 일로 금태섭이라는 사람이 언론의 주목을 받아서 세상에 많이 알려졌고, 그것이 지금 정치 경력으로 이어지는 것 아니냐'라고 하는 말도 있을 것 같은데요.

금태섭 막상 그때 제가 사표를 내고 나가면서 가장 걱정하고 두려워한 것은 '이게 내 인생의 가장 큰 일이 될지도 모른다'라는 거였어요. 평생을 두고 "저 사람이 검사 하다가 『한겨레』에 그 글 쓴 사람이야"라는 말을 듣는 게 싫었어요. 그래서 그 글을 쓰고 나서 정말 많은 출판사에서 찾아와서 책을 내자고 했는데 제가 안 냈어요. "이건 내가 기획한 거니까 당신들이 기획을 해오면 쓰겠다" 했죠. 제 글솜씨를 보고 온 게 아니라, 이 기획이 좋았던 거니까 안 한다고 했죠. 결국 다음해에 궁리출판사에서 책을 냈는데(『디케의 눈』, 2008) 그 책을 보고 욕한 사람들이 많았어요. 수사 잘 받는 법 책인 줄 알았는데 전혀 다른 얘기였으니까.

저는 검찰에서 할 만큼 열심히 했고 그걸로 끝이라고 생각해요. 2006년에 그 글을 썼고 2008년에 18대 국회의원 선거가 있었으니까 당에 가서 활동을 하려고 하면 할 수도 있었겠지만 전혀 안 했어요. 그때는 '이 상황에서 정치를 하면 인간이 싸구려 된다' 그렇게 생각을 한 거죠.

검찰의 권한, 어떻게 분산시킬 것인가

최강욱 수사권 문제를 언급하지 않을 수 없겠네요. 검찰이 직접 수사하는 것은 우리 형사사법 시스템의 모델인 독일이나 일본에도 없는 경우인데 왜 한국검찰은 직접수사를 중시할까요? 검찰을 옹호하는 쪽에서는 '검찰 권한은 경찰의 인권침해를 대비하는 방안으로 의도되었다'라고도 하고, '경찰에게 수사권을 주는 걸로 모든 문제가 해결되느냐'라고도 하는데, 이 부분에 대해 설명을 좀 해주세요.

금태섭 검찰에 대해 '권한이 비대하다, 그러면 필연적으로 부패한다'라고 말하면 다들 동의해요. 그런데 그 해결 방안으로 '수사권을 경찰에게 주어야 한다'는 걸 제시하면 일단 언론에서 반대해요. 왜냐하면 법에 관계된 기자들이 대개 법조 출입기자라서 검찰과 친하거든요. 경찰과는 안 친해요. 경찰 출입 기자들은 사회부 기자라서 초년생들이고요. 새누리당 출입하는 기자들은 새누리당과 친해요. 민주당 출입하는 기자들은 야당 성향이 생겨요. 그런 식으로 검찰 측과 친한 사람들이 발언권이 센데, 그 말이 맞다면 우리는 검찰공화국에서 살아갈 수밖에 없어요. "수사권을 경찰한테 준다고 하는데 우리 경찰이 제대로 할 수 있겠느냐"라고 하는 분들에게 저는 거꾸로 묻고 싶어요. 영국·미국·독일·프랑스·일본 등 모든 선진국에서 수사는 경찰이 하는데 대체 왜 대한민국 경찰은 안 된다는 거냐고요.

얼마전에 우병우 이야기가 나와서 검찰 선배들과 그 이야기를 하는데 선배들이 "우병우는 훌륭한 검사가 될 수 있다"라고 했어요. 공감능력이 없기 때문에 그렇다는 거예요. 저도 우병우를 알고 우병우가 수사하는 것도 봤지만, 우병우가 수사를 잘하긴 해요. 사실 우병우가 수사를 잘하면 경찰이 되어야 해요. 다른 나라 같으면 경찰이 되거나 FBI에 가야 할 사람들이 검사가 되어 있는 거예요. 그래서 경찰의 이런 부분이 약하고 염려되는 것이고요.

실제로 검찰에서 특별수사 하는 검사들과 이야기를 해보면 "나는 공수처●가 생기면 공수처 갈 거다. 수사하려고 검사가 된 건데 수사지휘나 공소만 하라고 하면 나는 여기에 안 있는다"라고 해요. 저는 공수처에 반대해요. 경찰에 수사권이 넘어가면 수사할 사람들이 자연스럽게 그리로 가게 되어 있어요. 저는 경찰과 검찰의 상황이 옛날과 많이 달라졌다고 생각하고, 제도가 바뀌면 또 따라갈 수 있다고 봅니다.

●공수처(고위공직자비리수사처)는 공직자 및 대통령 친인척의 범죄행위를 상시적으로 수사·기소할 수 있는 독립기관으로, 쉽게 말해 고위공직자가 비리를 저지르면 검찰이 아닌 공수처가 기소할 수 있도록 한 안이다. 문재인 대통령은 19대 대선 당시 이를 "검사가 직권남용 할 때 이를 견제하거나 문책할 수단"으로 지칭한 바 있다. 참고로 참여정부는 고위 공직자의 직무 관련 범죄를 수사하기 위해 국가청렴위원회 소속으로 공수처를 신설하려 '공직부패수사처의 설치에 관한 법률안'을 마련하기도 했다.

최강욱 '지금도 경찰이 정보력, 조직력, 인원 등에서 만만치 않은 권력기관인데 수사권까지 넘어가면 경찰이 훨씬 더 망가질 거다, 자치경찰 등 조직을 개편해서 경찰의 권한을 나누어야 한다'라는 의견도 있죠.

금태섭 자치경찰을 해야 하고 분권경찰을 해야 한다는 건 맞는 말이기는 해요. 요즘 개헌 얘기가 나오는데 그것도 틀린 얘기는 아니지만, 개헌 카드를 갖고 정계개편을 해보거나 선거에 영향을 미치려는 건 문제잖아요. 자치경찰을 하자는 것도 이 맥락에서 그냥 나오는 얘기가 아니고, 수사권이 넘어가는 걸 방어하기 위해서 나온 왜곡된 논리예요. 경찰의 권한을 분산해야 한다는 건 맞지만, 현재 경찰의 권한이 비대하기 때문에 수사권을 넘기면 안 된다는 건 이치에 안 맞죠.

최강욱 앞서 말씀하신, 우병우가 공감능력이 없어서 수사를 잘한다고 하는 말에는 함의가 있잖아요. 우병우에게서 수사를 직접 받아본 사람들의 이야기를 들어보면 굉장히 야멸차게 모멸감을 주어서 제압한다고 해요. 예를 들면 검사 앞에 앉아서 다리 꼬고 "내가 누구인 줄 아느냐"라며 조사 받던 사람도 우병우가 와서 "너 다리 안 풀어?"라고 하는 한마디에 푸는 것을 보면서 후배 검사들은 굉장히 통쾌함을 느낀다고 하고요. 실제로 '수사를 잘한다'라는 건 검사들끼리 어떤 걸 기준으로 삼는 것인가요?

금태섭 결과를 내는 거예요. 수사를 잘한다는 게 여러가지 방법이 있어요. 우리나라 수사가 「CSI」에 나오는 것처럼 되지는 않잖아요. 당사자를 설득하는 게 중요해요. 세게 나가서 제압하는 방법도 있고, 설득을 하기도 하고, 다양한 방식이 있어요. 홍준표 경남지사가 14기예요. 14기에 수사를 잘하기로 유명한 사람이 셋이 있었어요. 세 사람 다 그 기수에서 유명한 사람들이에요. 그중에서 한 사람 방은 가보면 절간처럼 조용하대요. 또 한 사람은 '거기가면 얻어맞아서 피를 흘리면서 나온다'는 악평이 자자했어요. 홍준표는 그 중간쯤 가는 평이었고, 이런 식으로 사람마다 스타일이 달라요. 무슨 방식을 쓰든 결과를 가져오는 게 중요한 거고요. 특히 언론에서 주목하는 수사의 성패는 애초에 언론에서 예측한 것보다 더 많은 결과를 내놓느냐에 따라 갈리죠.

최강욱 변호사 눈으로 보면 검찰의 월권이나 수사방식의 문제 등이 강하게 느껴지는데, 결과를 내야 한다는 압박 때문에 어떤 결과를 미리 정해놓고 거기로 몰고 가는 경우도 많잖아요. 어떤 얘기가 들어와도 진지하게 고려하지 않고 수사를 방해하는 걸로 간주하기도 하죠. 또 검찰이 결과를 중시하는 현실이 있다 보니까 제도 개선도 잘 이루어지지 않고요. 이를테면 기소한 건에 대해 무죄판결이 나온 경우 징계를 하든 마이너스 점수를 매기든 해서 해당 검사에게 인사상 불이익을 주어야 하는데, 그것이 사실상 잘 안 이루어지죠. 「PD수첩」 사건처럼 정치적으로 잘 보이기 위해 굉장히 무리하게 수사했던 사람들도 나중에 별다른 응징을 받지 않았잖아요. 그렇다면 내부적인 평가로, 적어도 검사들 사이에서는 "저건 정말 하지 말아야 할 짓이다"라는 공감대는 있다고 보세요?

금태섭 양식이 있는 검사들 사이에서는 있을 텐데, 대부분 잊혀요. 「PD수첩」 사건 같은 경우는 관심을 보이는 사람들도 있지만, 이 사건이 무죄판결 나서 끝난 뒤에 보면 이미 해당 검사들은 딴 데 간 다음이에요. 그리고 무죄판결 받으면 -1점부터 -3점까지 점수를 받는데, 그걸 갖고 인사를 하지는 않거든요. 그걸 해결할 수 있는 방법은 두가지가 있다고 생각해요.

첫째는 심각하게 물의를 빚은 검사들의 이름을 계속 남기는 거예요. 여기서는 언론의 역할이 굉장히 중요하다고 봅니다. 먼저 이 얘기를 해야겠네요. 전두환이 12·12사태를 일으키고 5·18민주화항쟁 때 시민들을 공격해 수많은 사상자를 낸 것에 대해 검찰에서 불기소했다가 나중에 기소했잖아요. 그때 불기소한 검사를 징계해야 한다는 이야기가 잠시 나왔어요. 나중에 사형을 구형해서 실제로 사형선고까지 받았던 사람을 무혐의로 불기소처분했으니까 이걸 징계해야 하지 않느냐 했던 건데, 그때 나온 논리가 이런 거였어요. '이 검사가 무슨 죄가 있느냐. 전두환을 기소하느냐 불기소하느냐는 김영삼이 정하는 거지, 심지어 총장도 마음대로 못하는데 공소장 쓴 검사가 무슨 잘못이 있느냐.' 그게 제가 검사 2년차였던 1996년도 사건인데, 저는 징계까지는 아니더라도 책임은 물어야 된다고 봤어요. 안 그러면 또 이런 사건이 일어났을 때 "어차피 넌 책임 안 질 거니까 시키는 대로 해"라고 하면 할 말이 없잖아요. 이 경우 억울하더라도 벌을 주면, 다음에는 버틸 수도 있다는 거죠. "네가 해라, 나는 못하겠다" 하는. 이런 식으로 책임을 피해가려는 논리가 내부에 있었는데, 이명박정부 때부터는 수사를 잘못한 검사 이름을 참여연대에서 계속 발표했어요. 그게 필요하다고 봐요.

두번째는 수사권 분리와 연결돼요. 검사들이 그렇게 억지로 밀어붙이는 게, 그게 자기 공이 되기 때문이거든요. 검사가 수사도 하고 기소도 하니까 이 사건이 내 사건이 되는 거예요. 나중에 벌점이야 몇점 받든 지금 당장 내 눈앞의 인사가 중요하니까,「PD수첩」사건이나 정연주 사건이나 무죄가 나든 말든 기소를 해버리는 거예요. 수사권과 기소권을 나눠야 돼요. 원래 범죄하고 직접 맞붙는 사람은 성과급이나 승진 때문이 아니라 일의 속성상 열이 오르게 되어 있어요. 그래서 무리를 하죠. 그래서 한단계 떨어져서 이를 견제하는 게 검사의 역할인데, 우리나라 검사들은 수사를 하니까 문제가 발생하는 거예요.

최강욱 검찰 공안부는 어쩌면 대한민국 검찰을 무소불위로 만든 가장 유력한 부서라고도 할 수 있죠. 다루는 사건 자체가 정치적이어서 무리한 수사와 기소가 반복되는 곳이기도 하고요. 공안부 검사들이 얘기하는 걸 가만히 들어보면 '우리가 있어서 결국 사회가 유지되고 나라가 지켜진다'라는 이상한 자긍심이 있더라고요.

금태섭 1987년 민주화운동 후에 노동운동이 일어났잖아요 노동운동이 활발했던 도시 가운데 하나가 거제예요. 1987년 6·29선언 후 8월에 거제에서 대우조선 노동자가 노사분규 시위 도중에 최루탄에 맞아서 사망하는 사건이 발생했죠. 그때 공안검사들은 사용자가 근로기준법을 어겼느냐, 노동자가 불법을 저질렀느냐를 따지는 게 아니라, 자기들 딴에는 이 산업을 살려야 된다고 생각하는 거예요. 한편으로는 사용자들이 이익을 전부 가져가면서 돈을 너무 안 주면 노동자들이 극렬하게 파업에 나서게 되니까 그걸 좀 열어주고, 또다른 한편으로는 파업을 방해하는 거죠. 그런 걸 조정하는 짓을 해요. 자기들 때문에 나라가 유지된다고 자랑스럽게 말하면서요.

적어도 2000년대 넘어와서는 그런 주장은 못하죠. 힘이 빠졌어요. 예전에는 형사부 검사들이 열심히 해서 인정받으면 공안부를 첫 순위로 가고 싶어했어요. 예전에 한 선배는 "'특수통' 검사가 총장되는 거 봤냐, 공안을 해야 한다"라고 말하기도 했고요. 1990년대 중반까지는 그랬어요. DJ정부가 들어오면서 '구공안'이라고 해서 공안검사를 한번 쭉 쫓아낸 적이 있어요. 참여정부 지나면서 공안검사 역할이 많이 달라졌고요. 몇번 뒤집어져서 지금은 그런 힘이 없죠.

검사장 직선제와 공수처

최강욱 검찰조직 구성에 대한 대안으로 '검찰의 지역 분산'과 함께

'검사장 직선제'가 이야기되는데요. 지방의 균형발전은 우리 사회 전체의 목표이기도 하죠. 검찰권력이 하나의 지방권력이라면 이를 분권화할 방도를 찾아보는 것은 좋을 것 같습니다. 그렇다고 국민참여의 방안을 고민하지 않고 검사장 직선제를 바로 도입할 순 없어 보이고요. 어떻게 생각하시나요? 검사장 직선제에 대한 견해를 말씀해주세요.

금태섭 검사장 직선제는 대단히 위험하고 절대로 해서는 안 되는 제도입니다.

최강욱 동감합니다, 저도.

금태섭 현실을 아는 사람이면 동감하지 않을 수가 없죠. 검사장 직선제 얘기가 나온 맥락은 이런 거예요. '청와대에서 검사들 인사를 해서 검찰의 중립성을 해친다. 검찰을 정상화하기 위해 가장 중요한 것은 인사의 독립이다. 직선제를 하면 검사들이 청와대 눈치를 안 보고 일할 수 있게 된다.'
　간단히 설명을 드릴게요. 지방자치제 실시하기 전, 즉 도지사나 시장을 중앙정부에서 임명하던 시절에는 어느 지방에 가든 검사장이 막강한 힘을 지니고 있었어요. 이게 정상화된 것이 지방자치단체장이 지방자치 때문에 '선출'되어서 그런 거예요. 검사장 직선제라는 제도의 의의만 놓고 보면 주민들의 뜻이 반영될 것 같지만, 어떤 수를 쓰든지 일단 당선이 되면 검사장 힘이 너무 강해져

요. 선거까지 해놓고 1~2년 있을 수는 없으니까 임기가 한 4년 될 것 아닙니까. 4년 동안 직선 검사장이 그 지방에 군림하게 되는 거고, 그 사람이 마음을 이상하게 먹어도 견제하기가 어렵기 때문에 위험해요. 해서는 안 됩니다.

그리고 선거의 효용성을 부정하는 것은 아니지만, 어떤 검사가 훌륭한 검사인지를 평가할 정보가 사람들에게 없어요. 지금 교육감 선거에 대해서도 여러가지 이야기가 나오잖아요. 검사장 직선제가 이루어지면 검사들이 인기 위주의 수사를 한다든지 언론플레이를 할 가능성이 높고, 그 폐해는 이루 말하기가 어렵습니다.

최강욱 '근본적으로 개혁을 해나가려면 너무나 많은 시간이 걸리고 품이 들고 갈등도 생길 텐데 선거는 법 하나만 만들면 바로 할 수 있지 않느냐, 그러면 일단 권력과의 고리가 지방으로 끊어질 것 아니냐'라는 의견도 있어요. 공수처도 결국 비슷한 맥락에서 나온 이야기잖아요. "당장 급하니까 하나 만들어서 견제하게라도 해놓으면 나아질 것 아니냐"라고요. 금태섭 의원이 대표적으로 그 부분에 대해 문제제기 하는 사람이죠. 설명을 좀 해주세요.

금태섭 공수처나 검사장 직선제 지지하는 측에서 원래는 그런 이야기도 안 했어요. 공수처나 검사장 직선제를 하면 모든 게 해결될 것이라는 식으로 주장하다가 다른 반박이 나오니까 "근본적인 개혁은 아니지만 대증요법이라도 되지 않느냐"고 말하는 거예요.

저는 첫째로는 이런 이야기를 하고 싶어요. 우리가 개혁을 하자면 이쪽으로 가야 되는데 검사장 직선제나 공수처는 반대로 가는 거예요. 지금은 대통령이 검찰 하나를 갖고 있는데 공수처를 만들면 검찰에다 공수처 하나를 더 가지게 돼요. 즉 검찰의 힘을 더 세게 해주는 거죠.

둘째로 '당장 쓸모있지 않겠느냐'라는 부분도 잘 생각해야 돼요. 제도라는 건 우리 쪽이 정권을 잡았을 때만이 아니라, 박근혜가 잡았을 때 상황도 내다보고 고려해야 돼요. 박근혜 시절 초기에 공수처가 있었다면 우병우를 공수처장에 임명했을 거예요. 그게 감수할 수 있는 리스크인가요? 공수처는 너무 위험해요. 잠정적인 개혁으로도 유효하지가 않아요. 검찰이 너무 힘이 센데 더 힘센 걸 만들어서 개혁하겠다는 거예요. 그런데 더 힘센 이것의 정치적 중립성을 어떻게 확보해요. 김대중정부, 참여정부 등 여러 정부에서 검찰의 정치적 중립성을 못 이루었잖아요.

제가 "이게 어떻게 가능하냐"고 물었더니, 공수처장 후보를 국회에서 추천하면 대통령이 그 가운데 하나를 골라 임명해야 하기 때문에 가능하다고 해요. 그렇게 말이 쉬우면 검찰을 그렇게 만들지, 안 된단 말이에요. 검찰은 여지껏 못했는데 공수처는 될 수 있다고 생각하는 건 착각이죠.

어떤 걸 만들거나 시도했다가 잘 안되면 원래 출발했던 지점으로 오는 게 아니라 더 뒤로 가요. 지금 검찰을 고칠 수 있는 좋은 찬스인데 '공수처 해봤다가 안 되면 근본적인 개혁을 시도한다'라는 건 말도 안 되는 소리죠. 공수처 했다가 안 되면 검찰개혁에 대한 동력이 없어지는 거예요.

최강욱 견적 면에서 보면 이게 더 작다고 생각은 되잖아요.

금태섭 그렇지도 않아요. 사람들은 미래에 대한 기대나 약속으로 평가받고 싶어하지만, 사실 봐야 할 건 과거의 일이죠. 저는 공수처에 반대하지만, 이조차 19대 때 추진을 안 했으면 지금 훨씬 동력이 있을 거예요. 19대 국회에서 공수처를 추진했었잖아요. 새누리당에서 반대했고요. 그래서 결국 야당에서 상설특검법과 특별감찰관법을 하자고 했는데, 새누리당에서 이마저도 안 해준다고 하니까 "우리가 공수처를 포기할 테니까 이것만이라도 하자, 이걸 하면 정말 달라질 거다"라고 했어요. 그게 회의 속기록에 나와요. 지금도 법사위원장인 권성동 의원이 대놓고 이야기해요. "야당 의원들이 내 앞에서 특별감찰관제가 되면 세상이 바뀔 거라고 말했는데 지금 왜 이러냐"라고요.

그런데 지금 있는 상설특검법과 특별감찰관은, 세상에 이런 걸 왜 만들었나 싶은 거예요. 이것 때문에 말하자면 공수처도 못하고, 생색내기 수준이잖아요. 여기서 다시 생색내기 용이라도 공수처를 만들려면 다시 한번 보수세력 앞에서 무릎 꿇고 약속해야 돼요. "공수처는 정말 중요한 제도고, 이것만 해주면 다 양보하겠다." 이러고 나면 나중에 정작 수사권 분리하려고 할 때 "너희 20대 때 공수처 해주면 수사권 분리 안 하겠다고 하지 않았냐" 할 거 아닙니까. 그 어려움을 겪어야 되는 거예요.

최강욱 특별감찰관이나 상설특검은 모양뿐이지 차포 전부 떼어놔서 허당이지만, 공수처는 검사를 확실하게 견제할 수 있는 장치가 아니냐, 검찰만 존재하는 것보다 견제세력이 존재하는 것이 낫다는 반론은 어떻게 생각하세요.

금태섭 저는 서로 견제를 하는 게 아니라 서로 충성할 거라고 생각해요. 상설특검법이나 특별감찰관법도 처음 만들려고 의도했을 때는 지금과 다른 모습이었어요. 그런데 실제로 추진하면서 중요한 게 다 빠진 거예요. 공수처는 우리가 구상했던 대로 될 거라고 어떻게 장담할 수가 있겠어요. 그걸 무슨 수로 장담해요. 저는 그게 이해가 안 되는 거예요.

참여정부의 검찰개혁 그리고 앞으로의 방향을 생각한다

최강욱 노무현정부 당시의 사법개혁에 대해 2005년 당시 서울중앙지검 평검사회가 당시 사개추위(사법제도개혁추진위원회)의 형사소송법 개정안을 전면 부정했던 사례가 있었죠. 문재인 당시 비서실장이 "이때는 정말 괘씸해서 손을 보고 싶었다"라고 했을 정도였죠. 다시 말하자면 검찰 수뇌부뿐 아니라 일선 검사들까지도 검찰의 기득권 수호를 위해서는 물불 가리지 않았다는 거예요. 그때는 금태섭 의원이 검찰에 있을 때잖아요? 그때의 분위기 같은 것, 생각나는 게 있으세요?

금태섭 그때 여러가지를 느꼈어요. 평검사와의 대화를 대검 기획과 장실에서 검사 여럿이서 봤어요. 그걸 보면서 다들 "야 역시 검사들이 말을 잘한다" "잘됐다"라고 했는데, 나오고 나니까 온 국민한테 욕을 먹고 있는 거예요. 검사들과 일반인들의 인식에 엄청난 괴리가 있다는 걸 모른 거죠. 항상 주의해야겠다는 생각을 그때 했었고요.

또 하나 말씀드릴 건, 나름대로 그때는 검사들에게 선의가 있었다는 거예요. DJ가 대통령에 당선되었을 때는 검찰 고위직에서 엄청난 충격을 받았어요. 김대중이 대통령이 된다는 건 정말 상상도 못할 일이었고, 죽었다고 생각했죠.

노무현 대통령이 당선된 건 또다른 의미가 있었어요. 젊은 검사들은 예를 들어 청와대에서 인사에 개입하는 것 등의 적폐가 많이 해소되겠구나 생각해서 나름대로 들떠 있었거든요. 그런데 검사들이 그러한 생각을 깊이있게 제대로 못해서, "검찰 인사권을 검찰총장에게 달라"는 식으로 터무니 없는 요구를 매우 촌스럽게 한 거예요. 검사들 자신은 검찰 내 인사권을 검찰에 주는 게 정치권에서 벗어나는 방향이라고 생각한 거죠. 조금만 생각을 해보면 말이 안 되는 얘기거든요. 민주적 통제를 받아야죠.

어쨌든 평검사와의 대화나 그 회의에 참석한 사람들에게는 노무현 대통령에 대한 기대, 그리고 검찰도 바뀔 수 있다는 기대가 있었어요. 이게 안 맞은 데는 검찰의 잘못이 매우 커요. 검사들이 너무 촌스럽고, 국민들과 다른 생각을 한 거죠.

최강욱 평검사들이 노무현정부의 사법개혁안을 거부하겠다고 선언한 바탕에는 '또다른 정치권력에 의한 간섭이다'라는 생각이 있는 거잖아요.

금태섭 그렇죠. 당시 지금으로 치면 부장검사 급 되는 13기의 강금실 씨가 법무부 장관으로 왔잖아요. 고위직은 고위직대로 새파란 사람이 오니까 말이 안 된다고 생각했고, 젊은 사람들은 강금실 장관이 싫다기보다 청와대에서 누구를 내려보내서 개혁을 시도한다는 게 틀렸다고 생각한 거예요. 노무현 대통령 입장에서는 '옛날에는 턱도 없는 정치적 간섭에도 찍 소리 못했던 검찰이 내가 개혁하겠다고 내 사람을 내려보냈더니 이 모양이냐' 싶었던 거고요.

최강욱 저는 개인적으로 참여정부의 법무부 장관 인사가 굉장히 이상했다고 생각하는데, 강금실, 김승규(金昇圭), 천정배, 김성호(金成浩) 등 비검찰-검찰-비검찰-검찰 이런 순서였잖아요. 나중에 청와대 핵심에 있던 사람에게 물어봤어요. 대체 왜 그렇게 했는지. 그랬더니 이렇게 말해요. '처음에 검찰을 개혁해야겠다고 생각하고 강금실 장관을 보냈는데 조직을 전혀 모르고 장악을 못하더라. 그래서 검찰 출신을 보내니까 그 조직의 대표자가 되어서 저항하더라.'
　천정배 씨가 법무부 장관일 때 동국대 강정구 교수에 대한 수사지휘권 문제도 불거졌잖아요. 당시에 장관이 국가보안법 위반 혐의를 받았던 강정구 교수를 불구속 수사하라며 수사지휘권을 행사하니까 김종빈(金鍾彬) 검찰총장이 저항했죠. 내부에서는 그 일에 대해서 청원을 했단 말이에요. 쉽게 말하면 '아무리 법으로 정해져 있다지만, 왜 우리편 대장인 총장을 무시하고 외부 사람이 여기에 끼어들어서 지휘하느냐'라는 식이었죠. 앞으로도 시민들이 보기에는 정당한데 검사들은 반발할 수밖에 없는 수사지휘권 행사에 대해서 검찰이 계속 그런 모습을 보일 거라고 생각하세요?

금태섭 글쎄 그건 잘 모르겠는데, 장관의 수사지휘권에 대해서는 진보적인 학자들이 오히려 반대를 많이 해요. 저는 그것 자체에 문제가 있다고 생각은 안 하는데, 수사지휘라는 것이 일반적인 수사지휘가 있고 특정 사건에 대해서 행사하는 구체적 수사지휘가 있는데 뭐가 됐든 문서로 남겨야 된다고 생각해요. 지금 실제로 가장 문제가 되는 건 문서로 안 남기면서 하는 거거든요. 그것만 된다면 상관이 없다고 생각해요. 다만 구체적 사건에 대한 지시는 하지 않는 게 맞다고 봅니다.

참여정부의 의도가 선한 것은 맞아요. 하지만 정치라는 건 의도로 평가할 게 아니라 결과를 내야 하는 거죠. 법조개혁을 비롯해서 검찰개혁까지 참여정부가 시도한 것들이, 제가 보기에는 매우 큰 실패였어요.

제가 많이 하는 이야기지만, 김대중 대통령이 됐을 때 검사들이 굉장히 긴장했어요. 본인들이 사형을 구형한 인물인데다, 대통령 선거 전날까지 모 서울지검장이 공안부 검사들 불러놓고 "이회창

만세"를 외치던 검찰이었으니까… 대통령 취임 후에, 요즘은 그런 게 없지만 검사장들이 청와대에 가는 행사가 있었어요. 모든 검사장들이 정말 죽는 줄 알고 갔는데, 김대중 대통령이 고함 한마디 치지 않고 "검찰이 바로 서야 나라가 바로 선다"라는 문장을 써주셨어요. 검찰을 컨트롤하려고 한 거예요. 그때는 검찰이 자연스럽게 잘 갔어요.

검찰이 노무현 대통령한테도 빚이 많잖아요. 영장을 재청구해가면서 구속했으니까요. 그런데 노무현 대통령은 검찰과 거리를 벌리려고 했어요. 예를 들면 이런 식이에요. 검찰이 당시에 검찰이 생긴 이래로 가장 큰 국제행사를 개최해서 대통령을 초청했는데, 못 오신다는 거예요. 제가 그때 실무를 총괄했거든요. 송광수 총장이 검사들을 모아놓고 "대통령이 바쁘시니까 그럴 거다"라고 했고 우리도 다 그러시겠거니 했죠. 행사에는 이해찬 총리가 왔어요. 그런데 대통령이 그날 가족들과 음악회에 가시고 그걸 언론에 공표한 거예요. 말하자면 '나는 너희가 싫다' 하는 포즈를 계속 취한 거죠. 이런 것을 보고 검사들이 위기의식을 느꼈어요. 그때부터는 검사들에게 조직이 최우선 순위가 됐죠.

아까 공안검사 얘기를 했는데 사실 검찰에서 지금 큰 문제는 '특수통' 검사예요. '특수통' 검사들이 쭉 연결되어 계파 비슷한 것이 형성되어 있는데, 그런 계파가 생기기 시작한 게 그 무렵이에요. 매우 안 좋은 현상이라고 봅니다. 예전에는 정권에 충성했다면, 지금은 독자적인 정치를 하잖아요. 나름의 정치적 판단을 해서 정권 말기가 되면 실세를 공격하는 것처럼요.

지금 검찰이 독자적 판단을 할 수 있도록 정치적 중립성을 확보해야 한다는 건 맞는 말이지만, 또한 민주적 통제도 받아야 해요. 그 문화를 만들기 위해서는 검찰을 잘 알고 그 부분을 이해할 수 있는 사람을 보내야 하는데, 쉬운 일은 아니죠. 누가 대통령이 되든 신경을 많이 써야 하고요.

최강욱 그럼 검찰을 통솔하는 문제에 있어서는 김대중 대통령이 낫고 노련했다고 보세요?

금태섭 훨씬 훌륭했다고 봅니다.

최강욱 노무현 대통령이 인사로써 말하고 싶었다면 법무부 장관을 놓고 오락가락 할 게 아니라 검찰 출신 중에서 개혁적이라고 평가받는 사람을 임명하는 게 나았을 거라고 보는 것인지, 아니면 비검찰 출신이 나았을 거라고 보는 것인지 알고 싶어요.

금태섭 검찰 출신이 꼭 정답이라는 것도 없고 "나라면 이렇게 했을 거다"라고 할 정도로 조직의 원리를 아는 것은 아닌데, 사후적으로 평가했을 때 결과가 좋지 못했다는 거죠.

최강욱 검찰총장을 검찰 출신이 아닌 사람으로 시키는 문제는 어떻게 생각하세요?

금태섭 저는 법무부 장관은 검찰 출신 아닌 사람들로, 국방부 장관은 군인 출신이 아닌 사람들로 뽑아야 한다고 생각하는데 육군참모총장은 군인이 하는 게 맞지 않나요? 검찰총장도 기본적으로 검찰 일에 대한 거니까, 검사가 아닌 사람을 갖다놓는 것은 안 맞는 것 같아요.

최강욱 검찰의 문화나 의식 등을 바꾸고 새로 태어나게 하려면 총장 역할이 중요하다고 보세요, 아니면 장관 역할이 중요하다고 보세요?

금태섭 둘 다 하나도 안 중요해요. 공수처고 검사장 직선제고 뭐고 다 안 되고, 검찰의 권한을 줄여서 검찰총장이 별로 중요하지 않게 되어야 해요. 검사 출신이라면 누구나 '내가 총장 가면 잘할 수 있다'라는 생각이 있을 거예요. 역대 총장들을 보면 나름 훌륭했던 사람들이 갔던 적도 많아요. 그런데 다 실패했어요. 이건 사람의 힘으로는 안 되는 거예요. 총장 자리에 관심을 별로 두지 않게 만들어야 해요. 그리고 검사들이 이러건 저러건 검거율·유죄율이나 상관이 있지 정치적으로는 좌우되지 않도록 만들어야 하고요. 검찰이 정치판과 청와대에 쭉 붙으면 나라가 다 흔들릴 정도인 상황에서 총장이나 장관 인사로 그걸 해결한다는 건, 위험하게 비틀거릴 수밖에 없는 배를 만들어놓고 선장만 내세우는 격이에요. 배를 잘 만들어야죠.

최강욱 당장 임명이라도 해놓고 제도를 바꿀 수 있는 분위기를 만드는 게 낫지 않느냐는 의견도 있어요.

금태섭 법을 바꾸지 않더라도 대통령이 장관을 불러다가 "검찰에서 직접인지수사(검찰이 범죄의 단서를 직접 찾아서 조사하는 것)를 하지 말라"라고 할 수도 있어요. 그건 일반적 지휘권이잖아요. 현행법 하에서도 적법하게 할 수 있는 지시입니다. 말하자면 수사 담당 부서로 서울중앙지검 특수부만 하나 남겨놓든지, 검찰은 경찰비리 사건 외에는 직접인지수사를 하지 말고 경찰을 시키라고 한다든지 하는 조치는 법과는 아무런 상관이 없는 거거든요.
　그런데 그걸 안 해요. 정권 초기에 당장 성과를 낼 수 있는 건 부패사건 수사인데, 소수인 검사를 컨트롤 하는 게 훨씬 쉽고 검사는 기소까지 하니까요. 경찰한테 시키면 경찰이 애써 해가지고 갔는데 검찰이 '된다, 안 된다' 하고 영장도 기각하고 그러잖아요. 그래서 수사를 검찰에 맡겨온 건데, 사실 수사권 분리는 의지에 달린 거라서 총장·장관의 문제라기보다는 대통령의 의지에 달려 있다고 봅니다.

최강욱 어느 조직을 개혁하려면 그 조직의 강령만 바꾼다고 해서 될 일이 아니잖아요. 그 조직의 문화를 바꿔내야 하죠. 그리고 그 것은 시간이 필요한 문제겠고요. 새로운 정부에서 민주적이고 정당한 권력으로 검찰을 개선하겠다고 나설 때, 이런 문화는 꼭 바뀌어야 하지 않겠나 생각하는 것 있으신가요?

금태섭 요새 검사 생활을 안 해봐서…(웃음) 검찰 문화가 지나치게 상명하복 식이고, 회식을 중심으로 뭉치려고 하는 분위기가 컸죠. 그런데 제가 있을 때도 그게 많이 깨지고 있었어요. 결정적으로 여성 검사들이 많아지면서 그랬죠.

제가 검사 그만둘 때쯤 돼서, 또는 그만두고 나서 변호사가 되어서 찾아가 얘기를 해보면 부장들이 그래요. 요즘은 진짜로 검사들이 안 따라온다고요. 자기가 존경하던 선배와 만날 기회여서 "○○선배가 밥 먹자는데 가자" 그랬더니 후배 검사가 "왜 변호사하고 밥을 먹는데 제가 가야 되나요?" 그랬다는 거예요. 자기는 당연히 밥값을 선배 변호사가 낼 거라고 생각하기는 했지만, 검사들이 그런 식으로 받아들일 줄은 몰랐는데 그러더라는 거예요.

검찰 내부에서도 성희롱 등이 여러번 문제가 됐고, 여성 검사들은 마초적인 회식 문화 등을 싫어하니까 문화가 많이 바뀐 걸로 알고 있어요.

최강욱 검사의 스폰서 문제는 예전에는 만연했고 심각했지 않습니까. 잘 나가는 검사의 상징이라면서 '고급 스폰서를 두고 있다'는 걸 과시하는 사람도 있었고요.

금태섭 잘나가고 못 나가는 기준이 뭔지 모르지만 하여튼 스폰서 있는 검사가 꽤 많았죠.

최강욱 그런 문제도 법조비리 사건 거치면서 많이 일소되었다고 보시나요?

금태섭 옛날 같지는 않죠.

최강욱 아까 상명하복 문화가 깨지고 있다는 얘기를 하셨죠. 다른 면에서는 선배가 부당한 지시를 했을 때 소위 '들이받는', 결기있는 검사들이 없어지고 있는 것 같은데 어떻게 생각하세요?

금태섭 그건 검찰뿐 아니라 우리 사회 전반에 걸쳐서 일어나는 현상인 것 같아요. 권한을 안 줘요. 옛날에는 아무리 큰 사건도, 역사상 한번 있는 사건이 아닌 다음에는 평검사가 주임검사예요. 이사람이 책임지고 결정을 했어요. 그런데 어느날부터인가 조금만 문제가 되는 사건이면 부장검사가 주임을 맡아요. 그러면 그 밑에 검사에게 결정권이 없는 거예요. 결기가 있건 없건 자기 사건이 아니니까 뭐라고 할 수가 없죠. 평검사의 판단이 문제가 됐을 때 책임질 사람은 부장이니까요. 부장들은 무리를 안 해요. 검찰 측에서는 중요한 사건이니까 신중하게 결정하기 위해서 그러는 거라고 하죠.

최강욱 참여정부에서 과거사 정리를 했을 때, 법원도 군대도 사과를 했는데 유일하게 사과하지 않은 조직이 검찰이었어요. 이런 고집이나 배짱은 어디서 나오는 것 같아요?

금태섭 그건 저도 이해할 수가 없어요. 법원도 나름대로, 나쁘게 말하면 권위의식이 있고 좋게 말하면 자부심이 많은데 깔끔하게 사과를 했단 말이에요. 검찰도 당연히 사과를 했어야 한다고 봅니다. 큰 잘못들을 많이 저질렀고요.

최강욱 법무부와 검찰의 실질적 분리를 '문민화'라고 표현하기도 하고 법무부의 '탈검찰화'라고 얘기하기도 하는데, 검사들이 법무부에 가서 사실상 법무부를 장악하고 있는 문제는 어떻게 생각하세요?

금태섭 법무부의 검찰국은 검찰을 다루는 곳이지만, 다른 국에는 검사가 파견될 이유가 없죠. 아주 옛날에는 변호사들 가운데서 파견자를 구하기가 어려웠으니까 검사들을 보낼 수밖에 없었지만 지금은 변호사가 많잖아요. 당연히 제일 먼저, 어렵지 않게 할 수 있는 게 검사를 법무부에 파견하지 않는 일이에요. 지난번에 예산 국정감사 때인가, 국회에서 법무부 쪽에 했던 이야기가 있어요. 속기록에도 남아 있는 건데, "만약 내년에 외부 파견 검사 숫자가 줄어들지 않으면 그만큼 신규 임용 숫자를 줄이겠다. 법무부는 있는 검사를 딴 데 보내지 않느냐"라는 거였어요. 당연히 이 문제는 해소해야 된다고 봅니다.

최강욱 그 문제와 뗄 수 없는 게 고등검찰청이잖아요. 고검에도 일

안 하고 나가야 되는 사람들을 몰아놓거나 보기 싫은 사람을 뽑아 놓거나 그러니까요. 실제로 재기수사 명령을 활발하게 내리는 일도 없고요. 고검 폐지 문제는 어떻게 보세요?

금태섭 현재의 고검이 심각한 문제를 갖고 있다는 데에는 동의하지만, 해결하기가 쉽지 않다고 봅니다. 고검을 법적으로 폐지하는 건 불가능해요. 고등법원하고 대응하는 검찰청이 있어야 한다는 논리가 있거든요. 고검을 활성화한다는 것도 여러번 얘기가 나왔지만 한번도 성공한 적이 없어요. 기본적으로는 지방검찰청에는 수사권이 있는데 고등검찰청에는 수사권이 없기 때문에 차이가 나는 것이고, 지방검찰청도 수사권이 없어지면 비슷해지지 않을까 싶어요.

최강욱 검찰조직 내에서 부장까지는 팀을 이루어서 수사하는 하나의 단위잖아요. 차장-검사장, 그 위에 총장이나 대검찰청의 간부쪽으로 가는 보고 라인이 형성되어 있고요. 그 보고를 통해서 수사에 영향을 미치는 문제는 조직체계에서 필요한 부분이라고 치부해야 할까요?

또 사람들이 이런 질문을 해요. "검사가 독립된 행정 관청이라고 교육한다면서요?" "검사가 준(準) 사법기관이라면서요?" 그러면 검사로서 경험이 부족해 미숙하거나 수사기법이 잘못된 것 등을 보완하고 조정하는 선배 역할로서 부장까지는 필요할지 모르겠지만, 그 위로는 사실 수사에 간섭하려고 그 자리를 유지하고 있는 것 아닌가 싶어요. 그 문제는 어떻게 생각하세요?

금태섭 대단히 맞는 말씀이지만 또 무척 어렵고 복잡한 문제예요. IMF 시기의 구조조정 전에, 관공서에 가보면 실제 일을 열심히 하는 사람들 뒤에 앉아서 신문만 보고 있는 사람들이 있었다고요. 현재 차장이나 검사장을 그런 식으로 보는 건데, 만약 그 사람들을 내보내면 당장은 능률이 오르는 것 같지만 평검사들이나 부장 입장에서는 몇년 뒤에 갈 데가 없어지는 거예요. 그러면 그 자체의 문제를 일으켜요. 평생 직장이 안 되는 거죠. IMF 때도 당장은 좋아 보이고 비용이 줄었지만 그때부터 회사원들이 회사에 대한 충성심이 없어지고 이직률이 높아진 것처럼요. 저는 검사들이 '평생 검사'를 할 수 있도록 기반을 만들어주어야 하고, 그 과정에서 다소의 비효율이 발생할 수 있다고 생각해요. 그건 치러야 할 값이라고 봅니다.

최강욱 예, 오늘 같이 이야기 나누어주셔서 감사합니다. 여기서 마무리하겠습니다.

금태섭 감사합니다.

**최강욱
vs.
이정렬**

법조계는
무엇으로 사는가
─ 판사가 본 검찰의 민낯

이정렬
李政烈

1969년 태어나 대학에서 법학을 전공했다. 1997년 서울 남부지방법원 판사로 임관했다. 2004년 양심적 병역거부자에 대해 처음으로 무죄판결을 선고했고 이 판결은 소수자 인권의식에 대한 획기적 판결이라는 평을 얻었다. 그 뒤로도 사법부 내 크고 작은 문제에 앞장서 개선의 목소리를 내다 2013년 창원지방법원 부장판사를 끝으로 법복을 벗었다. 퇴임 후 변호사로 등록하려 했으나 대한변협이 이를 거부하면서 2017년 현재 법무법인 동안의 사무장으로 재직 중이다. 지은 책으로 『기억의 방법』(공저) 등이 있다.

법을 다루는 사람들의 비법(非法)

최강욱 우병우 씨가 자신의 검사 생활을 회고하면서 이렇게 말했죠. "나는 (평검사 시절인) 스물세살 때도 마흔다섯인 계장(수사관)을 수족 부리듯이 부려먹었다. (지방)경찰청장도 내 가방을 들어주고 그랬다."(『조선일보』 2016.11.9.) 창피한 줄도 모릅니다. 문제가 심각해요.

김어준 씨가 '고3 콤플렉스'라고 표현한 게 있어요. 고등학교 3학년 때 성적으로 평생을 살아간다는 의미의 표현이에요. 피의자 신문조서를 보면 학교는 어디까지 다녔냐, 병역은 어떻게 되냐, 재산은 얼마나 있냐, 이런 걸 다 물어봤잖아요. 그러면서 만약에 대학 안 나왔다고 말하면 '네가 그렇지, 대학도 안 나온 놈이…' 하는 생각을 한다는 거죠.

또 하나는 고시공부가 힘들잖아요. 젊고 피 끓는 시절에 온갖 욕망을 참아가며 버텨야 하는 경우가 많고요. 고시촌에서 지낼 때 같이 공부하던 친구들을 돌이켜보면 대부분 보상심리가 컸어요. 고시원에서 탈출한, 다시 말해 사시에 합격한 사람들이 아직 공부 중인 친구들을 격려한답시고 연수원 배지 달고 옵니다. '어, 쟤는 나하고 똑같은 빈털터리였는데 갑자기 룸살롱에 드나들고, 없던 차를 사서 타고…' 갑자기 그런 게 보여요.

연수원 다닐 때 차를 샀는데 어느날 속도위반에 걸렸어요. 스피드건으로 쏘던 시절이에요. 경찰관에게 잡혔는데 신분증을 주니까 그분이 미안해하면서 "영감님 가시는 길에 죄송합니다"라고 했던 기억이 나요.

이정렬 "저기 단속차량 더 있으니까 그쪽으로는 가지 마시죠"라고도 합니다(웃음). 동기 중에 한 사람이 음주운전을 하다 걸렸는데 법원공무원증을 내민 거예요. 그러니까 바로 "충성!" 했답니다. '어디어디서 단속하고 있다'는 얘기와 함께요.

최강욱 이러면 안 된다고 생각해야 하는데 '역시 나를 인정하는구나' 하는 쾌감이 훨씬 크잖아요. 그간의 고생과 노력, 그것으로 얻은 지위를 생각하면 당연한 거라고 생각하고요.

이정렬 '이런 대우를 받을 정도로 난 훌륭한 사람이야, 세상도 내가 훌륭하다는 걸 알아보고 있구나' 이렇게 생각하는 거죠.

최강욱 아내를 태우고 가다가 그런 일을 겪었어요. 저는 너무 당연하게 신분증 보여주고 그냥 가는데 아내가 '당신 이런 사람인 줄 몰랐다'라고 하는 거예요. 그때 아차 싶었는데, 심지어 이런 사람인 줄 몰랐다는 얘기를 '이렇게 힘센 사람인 줄 몰랐다'는 의미로 받아들이는 경우도 있더라고요.

이정렬 '네가 이렇게 쓰레기인 줄 몰랐다'라는 얘기였는데(웃음).

최강욱 동기 중에 시보(사법연수원생의 현장교육) 할 때 비행기 세운 사람도 있어요. 순천 검찰시보 시절에 여수에서 비행기를 타고 서울로 가야 하는데 늦은 거예요. 게이트가 닫혔는데 검사 시보가 전화해서 비행기를 돌려 세웠다는 거예요. 그런 얘기를 자랑스럽게 합니다.

이정렬 배금자 변호사의 『정의는 이긴다』라는 책에도 비행기 관련 에피소드가 나와요. '출발 시각이 지났는데 왜 안 가지'라며 둘러보니 웬 여자 분이 마지막에 황급히 타더래요. 나중에 보니 검사의 배우자인 겁니다. 그 사람이 늦어서 비행기를 잡아두고 있었다는 거죠. 배우자가 이 정도인데 검사 본인은 오죽하겠느냐는 겁니다.

최강욱 그런 일들이 심심치 않게 발생하고 귀에 들리니까 그게 신분과 지위에 수반되는 혜택이라고 생각하는 거 같아요. 제가 졸업할 때 일입니다. 졸업식 날이면 법대 건물 앞 광장이 심하게 붐비죠. 그래서 거기에는 차를 못 들어오게 하는데 그 와중에 끝까지 밀고 들어온 새까만 차가 있었어요. '어떤 인간이 차를 타고 여기 들어오나' 했는데, 김기춘이에요. 김기춘 사위가 제 동기거든요.

김기춘이 그때 검찰총장을 할 때였습니다. 신사복을 입고 온 것도 아니고 박사 가운을 입고 내리는 거예요. 처음에 전 교수인 줄 알았어요. 딸도 모 학과 86학번인데, 딸하고 사위 졸업식이라고 검찰총장이 납신 겁니다. 법학도서관 계단 한가운데를 차지하고 기어코 본인들 사진을 찍게 하더라고요. 그를 따라온 수하들은 옆에서 사진 찍는 사람들을 밀어내고요. '뭐 저런 것들이 다 있나' 싶더라고요.

근데 차가 한대 더 들어와요. '저건 또 뭔가' 하고 봤더니 당시 서울지방법원장이에요. 그걸 보고 저는 어이없어 했는데 우리 부모님은 '저 사람이 검찰총장이고 서울지방법원장이고 하니까…'라면서 수긍하시더라고요. 또 놀랐던 건 그걸 보는 동기 가운데서도 '멋있다, 저래서 총장을 하는구나' 하는 사람들이 꽤 있었다는 겁니다, 거참.

그렇다고 자식이 검사 한다고 하면 말리실 겁니까

최강욱 공개적인 자리에서는 대개의 시민들이 검찰을 비판하고 또 검사들에 대한 부정적인 인식을 갖고 있다고 말합니다. 그래서 제가 어느 강의에서 이렇게 물어봤어요. "아들·딸이 검사 한다고 하면 말리실 겁니까? 아니면 며느리나 사위가 검사면 싫습니까?" 거기서 말문들이 막히지요. 한국사회가 지닌, 소위 과거급제 콤플렉스라고 봐요. 우병우 같은 괴물이 생긴 원인 가운데 하나라고 생각합니다.

사법시험에 붙고 사법연수원을 다니면서 검사에 임용되는 과정을 보면, 성적이 굉장히 중요한 요소로 작용합니다. 그때 검사가 되고자 하는 사람들 대다수는 사회의 불의나 악을 청소하는 사람으로서 사명감을 갖기보다, 검사라는 직위의 권력지향적인 성격이 자기 적성에 맞다고 생각하는 이들이지요. 어릴 때부터 자신의 목표를 향해 영악하게 살고 주도면밀하게 준비하는 측면이 있어요. 저보다 나이가 어린 90학번 이후 사람들이 "17기 이상(1986년 이전 사법시험 합격자) 검사 중에 잘 나가는 사람을 소개해달라"고 하는 경우가 있어요. 가끔 자리가 마련되어서 저도 가보면 그 선배 검사들이 겉으로는 고담준론 식으로 말씀하시는데 그 말 속에 욕망이 느껴지는 경우가 있더라고요.

이정렬 말씀하신 것처럼 검사라는 직위가 입신양명의 수단이라고 생각하는 권력지향적인 사람들은 분명히 있어요. 다만 제 주변을 보면 법원 갈 성적이 안 됐던 사람들이 검찰에 가서 스스로를 '검찰화'시킨 경우가 대부분이에요. 처음부터 검사를 지망한 사람은 잘 떠오르지 않네요. 유일하게 기억나는 게 어느 차장검사인데 그분에게 본래부터 '거악 제거의 사명감'이 있었느냐 하면 그건 아닌 것 같고요. 그저 막연하게 스스로를 검찰 쪽 사람이라고 느꼈던 것이 아닐까 싶습니다.

최강욱 여러 이유가 있겠죠. 제 친구의 경우는 아버지가 경찰 출신인데 일찍 돌아가셨어요. 돌아가시기 전에 너는 꼭 검사가 되어서 아빠의 한을 풀어라 하셨대요. 그래서 그 친구는 검사를 잠깐 하다가 판사로 전관했죠. 그렇게 부모님의 욕망이 투사된 경우가 우리 세대에는 꽤 있었어요. 특히 서울 출신들에게서 그런 걸 주로 발견합니다. 곁에서 권력이나 재력의 양상을 볼 기회가 있는 사람들 말이에요. 제 출신지인 전주 등 지방에는 가까운 친구 중에 재벌 자제가 있는 경우가 없잖아요. 서울 출신 법조인들은 친구가 '우리 아버지 장관이야, 검사장이야' 하는 경우를 보고 자라요.

이정렬 어릴 때 아버지는 제가 정치를 했으면 하고 바랐던 것 같아요. 아버지가 지금 표현으로 하면 '김영삼 빠'였습니다. 작은 사업체를 운영하셨는데 저보고 공무원을 하라셨고 나중에는 국회의원을 하라고 하셨어요. 제가 살던 곳이 마포였는데 1980년대에는 두 명씩 뽑는 중선거구였습니다. 그때 국회의원이 봉두완(奉斗玩), 노승환(盧承煥)이었어요. 우리 아들 국회의원 시키기 위해 부지런히 벌겠다는 말씀을 하신 기억도 납니다.

사법연수원에서 임관을 앞두었을 때 아버지는 제가 검사가 되길 원하셨어요. 왜 그러시냐고 했더니 판사보다는 검사가 정치할

때 길이 더 가깝지 않냐 하시더라고요. 그 말씀을 듣고 '아, 검사는 하면 안 되겠구나' 생각했습니다(웃음). 저도 처음에는 검사가 되고 싶었는데 그건 그야말로 검사가 '나쁜 놈 때려잡는 일'이니까 그랬던 거였고요. 다른 검사 지망자들도 그런 느낌이었어요. 세속적인 욕망에다 체계적인 계획이 더해진 케이스도 있었겠지만 거창한 철학 없이 생활인으로서 살려는 이들도 있었던 거죠.

과거급제 콤플렉스와 고3 콤플렉스

최강욱 그렇다면 문제는 검찰이라는 조직에 있겠지요. 검찰이 사람을 조직에 순응하는 사람으로 길러내고 조직의 논리를 주입해서 이상하게 만드는 경우를 많이 봤잖아요. 그걸 받아들일 태세가 되어 있는 사람이 많다는 것도 문제고요. 우병우만 하더라도 고등학교 다닐 때 사회 선생님께 자기가 불의를 몰아내고 부정부패를 일소하는 사람이 되겠다고 말했다잖아요. 근데 왜 그렇게 되었겠어요.

법대에 들어가서 고시공부 하면서 법률가라는 직업에 대해 괜찮다고 느끼는 이유가 법률가의 독립성을 강조하기 때문이죠. 법조인 한 사람을 독립된 관청이라고 얘기하고요. 판사는 더욱 그렇습니다. 공부한 지식을 나라를 위해 쓰고자 한다면 독립된 위치에서 건전한 판단을 내려 사회에 기여하는 게 좋지 않을까 생각해왔는데, 조직에 들어가면 어느 순간 그 독립성이 옅어져버립니다.

검사는 검찰에 들어가면 부장검사가 바로 반말 하잖아요. 법원은 그래도 막 대하는 걸 좀 꺼리는 편입니다만, 배석판사가 부장판사와 협의하는 과정에서 '나는 주심판사로서 당신 의견을 도저히 용납할 수 없다'라고 하기는 어려운 구조잖아요. 근데 검찰은 그게 아예 안 됩니다.

아버지가 경찰이었다는 친구가 검사로 첫 부임지에 갔을 때 얘기입니다. 견출지가 붙어 있는 오래된 사건이 있기에 '이거부터 처리해야겠다' 하고 보니까 피고소인이 나쁜 놈이더래요. 그래서 친구가 공소장을 써서 부장검사에게 결재를 받으러 갔답니다. 그랬더니 "거기 포스트잇 안 봤냐? '검사장님 관심'이라고 쓰여 있지 않았냐?"라고 해서 "제가 더 열심히 했습니다"라고 얘기했답니다. 초짜는 당연히 그렇게 생각하잖아요.

근데 부장검사가 "야, 됐으니까 차장님한테 가" 하더래요. 차장한테 가니까 차장 역시 같은 얘기를 하더래요. "붙여놓은 거 안 봤냐?" 그래서 "제가 열심히 보고 조문이랑 구성요건이랑…" 이렇게 얘길 하니까 갑자기 차장검사가 기록을 집어던지면서 "야, 이 새끼야, 너만 시험 합격했냐, 너만 검사냐" 하면서 육두문자가 날아오더랍니다. 그때까지도 친구는 무슨 소리인지 모르고 겁에 질려서 다시 부장검사한테 가니까 "이건 검사장님 아는 사람이라서 관심 사건이라고 되어 있는 건데 네가 이러면 어쩌냐"라는 답을 들은 거죠. 거기서 엄청난 상처를 받았다고 합니다.

중요한 건 이런 상처를 극복하는 방식이에요. 다음에 다시 이런 일이 생기면 불의를 바로 잡아야겠다고 생각하는 게 아니라 '다음에는 이런 봉변을 안 당해야지'라고 생각하게 되는 겁니다.

이정렬 그들이 뭘 생각하고 있나 눈치를 보고 심기 탐색을 하죠. 최 변호사님이 좋게 말씀해주셔서 그렇지, 솔직히 '검사나 판사가 독립적이어서 좋다'라는 생각만으로 법조계 들어온 사람은 거의 없을 거예요. 이번 대담의 주제가 검찰인데, 검찰만 문제는 아니잖아요. 소위 법조삼륜(法曹三輪)이라고 말하는 법원·검찰·변호사, 그다음에 경찰·법무사. 이게 어디는 괜찮은데 어디만 문제다 이런 게 아니라 다 문제고 엮여 있어요. 그다음 문제는 이게 사람의 문제인가 씨스템의 문제인가 하는 겁니다. 사람 자체도 문제지만 사람만 바뀌면 괜찮은가 하는 확신도 없어요. 검찰개혁, 사법개혁 애기하는 건 좋은데 어떻게 할 거냐에 대해 법조계 내부에서도 구체적인 해결책이나 개선방안이 안 나오는 것 같습니다.

최강욱 일전에 민변(민주화를 위한 변호사 모임) 사법위원장 할 때가 사법개혁 작업을 진행할 때였어요. 그때 민변 변호사들과 얘기해보면 일단 검찰 내부에 대해 잘 몰라요. 검찰 출신이 민변 가는 경우가 극히 드물잖아요. 돌아가는 사정도 모르고 그들의 생각도 모르니까 어떤 상황에서는 지나친 음모론에 빠져서 검찰을 괴물화하고 또다른 상황에서는 별것 아닌데 겁을 먹는 거예요. 심지어 법률가도 그러는데 국민들은 어떻겠어요.
　이번 책에서 '검찰'을 과녁으로 삼은 이유는 주권자인 시민들이 검찰의 속성과 검찰 구성원들의 처지와 본질에 대해 많이 알아야 한다고 생각해서입니다. 시민들은 과거급제 콤플렉스 때문에 검사들을 지나치게 높게, 신비롭게 보는 경향이 있어요. 그런 것들이 깨져야 해요. 검찰이 일반 행정 공무원들과 다를 바 없고 법률가로서의 책임을 감내해야 하는데 그걸 방기하고 있다는 사실이 널리 알려지면 제도의 결함과 사람의 문제가 쉽게 식별되고 개선될 수 있다고 봅니다.

이정렬 그 말씀에 동의합니다. 사법체계에서 구조만 놓고 보면 판사가 더 위죠. 근데 사람들이 보기에는 판사들이 노출이 잘 안 되니까 그에 대해서는 잘 모릅니다.

검사는 기소를 하든 불기소를 하든 판사보다 노출이 많이 됩니다. 그래서 시민들 쪽에서는 '검사가 엄청난 거구나' 생각하게 되죠. 아까 말씀처럼 과거급제 콤플렉스는 현실에서 권력이 작용하는 모습을 보기 때문에 생기는 것 같아요. 문제는 검사들이 다른 사람들이 자신에게 굴종하는 걸 보면서 내 힘과 지위가 '역할의 소중함'에서 비롯됐다고 생각하지 않는 거예요. 도리어 '나는 훌륭한 사람이다'라는 엘리트 의식만 심화되는 일이 많죠.

최강욱 그와 동시에 검사 본인이 콤플렉스에 시달리기도 합니다. 성적이 좋은 사람은 내가 저 자리에 가야 하는데 못 갈까봐 불안해하고, 또는 이미 그 자리에 갔는데도 더 높은 자리로 못 갈까봐 불안해합니다. 자기는 성적이 되는데 위로 못 올라갔다고 생각하는 사람들은 '결혼을 잘했어야 되는데' '장인이 검사장이었으면 갔는데' 이런 말이나 해요. 또 어떤 사람은 자기가 경기고를 못 나와서 그렇다고 하고요. 결국 대부분이 인사(人事) 이야기인 거죠. 그런 사람들의 민낯이 최순실 국정농단 사태 때 다 드러난 겁니다.

스폰서를 만들어내는 환경

최강욱 예전에 선배 검사가 나오라고 해서 어느 술자리에 갔는데 거기에 그 선배의 스폰서가 있었어요. 근데 가만히 보니 그 스폰서가 자기가 술을 사는 걸 도리어 영광으로 생각할 뿐 아니라 한 번으로 끝내지 말고 계속 애용해달라는 당부를 간절하게 하는 거예요. 자기는 자수성가해서 이 정도의 중소기업을 갖고 있는 사람인데 당신한테 부담이나 피해 줄 일은 없고, 다만 학벌에 대한 한(恨)이 남아서 당신 같은 사람과 편하게 앉아서 술을 마실 수 있다는 것만으로 너무 행복하다, 그러니 이런 기회를 계속 허락해달라고 하는 거예요.

제가 1996년에 전주지방법원으로 내려갔을 때만 해도 변호사들이 줄 서서 판사들에게 떡값 주는 건 너무나 당연한 일이었어요. 또 퇴근하면 변호사가 자기 집으로 불러서 종잣돈 주면서 포커 치게 하고, 따면 따고 잃으면 어차피 내 돈 아니니까 상관없고… 다들 그랬어요. 판사들은 변호사들과 어울렸지요.

근데 검사들은 변호사랑 안 놀았어요. 처지가 궁할 때만 변호사를 부르고 아니면 자기들이 부르는 스폰서가 다 있었습니다. 스폰서 없는 사람은 바보 취급을 받았고요. 선배 검사가 이렇게 가르칩니다. '직원들 시켜서 수사하려면 돈 줘야 되는데, 돈 많은 집안이거나 돈 많은 집안 사람과 결혼한 거 아니면 이런 거라도 있어야 한다.' 부장검사가 데리고 다니면서 스폰서 소개해주고 위세를 과시하거나 후배들의 충성심을 유도하는 방편으로 활용하기도 해요. 그런 것들이 흔했어요. 1997년 의정부 법조비리● 이후에 많이

●1997년 10월 의정부지방법원 판사 출신의 한 변호사가 개업 후 사무장을 고용해 17억원대의 사건을 수임했다고 밝혔다. 관할 지역 사건 가운데 70퍼센트 이

나아졌지만, 그전까지는 그런 걸 당연시했고, 검사들은 이를 자신의 지위에 뒤따르는 혜택이라고 간주했습니다. 지방법원의 법원조정위원이라는 사람들이 한때는 다 스폰서였잖아요. 검찰의 범방위원(범죄예방위원회 위원)도 마찬가지고요.

이정렬 제가 1997년에 법원에 들어갔는데 의정부 법조비리가 그해 12월에 일어났잖아요. 그래서 제 경험은 좀 특이했던 거 같아요. 처음 부임지가 문래동 시절의 남부지방법원이었는데 금요일에 재판 끝나면 부장판사님과 가는 데가 같았어요. 법원 건너편 삼겹살집에 가서 저녁 먹고 그 안쪽 골목 안에 있는 간이주점에 갔어요. 그때 부장판사님 댁이 강동구였거든요, 저희 집은 법원하고 가까웠고요. 술자리 끝나면 부장님이 택시 타고 가는 길에 저를 내려주는 코스였어요. 변호사랑 밥을 먹긴 먹었지만 점심만 먹었고 저녁 자리는 한번도 없었어요. 나중에 의정부 법조비리 터진 뒤에 '우리 부장이 괜찮은 사람이구나' 생각했습니다.

최강욱 이정렬 씨가 전주에서 판사로 근무할 때인 1990년대만 해도 단독조●들이 모여서 오늘은 어떤 사람한테 전화할까 의논하고

상을 수임할 정도로 수완을 발휘했던 해당 사무장의 수첩에는 전현직 판·검사 20여명의 이름이 적혀 있었고, 조사 결과 의정부지방법원 소속 판사 열다섯명이 명절 떡값 등의 명목으로 각각 수백만원과 향응을 제공 받은 것으로 확인됐다. 금품수수로 현직 판사가 중징계를 받거나 사표를 쓴 최초의 사건이다.
● 단독조는 '단독재판부 판사들'의 별칭. 법원에서는 사건의 경중을 따져 업무를

그러지 않았어요? 저는 법원 시보 때 그런 자리에 많이 갔어요. 그 사람들이 모여서 쓰는 말도 딱 그래요. '오늘은 누구를 부를까.' 정말 기가 막혔거든요.

이정렬 제가 전주에서 근무했을 때 황당한 일을 겪었어요. 재판을 진행하다가 마지막으로 증인 있는 사건 두건이 남았어요. 그런데 앞 사건이 제 대학동기인 변호사가 맡은 사건이었어요. 가만히 보니까 그 사건 증인이 중요한 증인이라 시간이 오래 걸릴 것 같더라고요. 그래서 동기 변호사에게 양해를 구하고 두 사건의 순서를 바꿨습니다. 그러고 나서 재판이 끝났어요. 그런데 그 동기 변호사가 남아 있는 거예요. 왜 안 갔느냐 하니까 '네가 남으라고 했잖아' 그러는 거예요. 언제 그랬느냐고 하니까 그 동기 변호사가 하는 말이 가관이에요. "사건 순서 바꿔서 마지막에 재판한다는 건 그 대리인더러 저녁 사라는 소리 아니냐."

옛날에는 그랬대요. 그 동기 변호사도 그런 소문을 들었는데 '아, 이게 그거랑 같은 상황이구나' 하면서 남아 있었다는 거예요. 차라리 그 동기가 '재판 끝났으니 삼겹살이나 먹자' 했으면 모르겠는데, 그 상황이 되니까 진짜 저녁 먹으러 같이 못 가겠더라고요.

분담하는데 그중 가벼운 사건을 판사 1인에게 맡기고 이를 '단독재판부'라고 부른다. 이에 반해 사안이 복잡하고 신중히 검토해야 할 경우 판사 3인의 '합의재판부'가 맡는다.

최강욱 사법연수원 때 제 지도교수가 판사 출신인데, 어느날 이런 얘기를 들려줬어요. 판사들이 전근을 많이 다니잖아요. 애들이 전학 가면 적응을 잘 하게끔 선생님 만나서 이야기 나누려고 모시고 식사를 했대요. 근데 밥 먹고 나서 깜박하고는 음식값을 안 치르고 그냥 나갔다는 거예요. 자기는 한번도 돈을 내본 적이 없으니까 아이의 선생님을 모신 건데도 계산을 안 한 거죠. 그런 실수담을 얘기하더라니까요.

그 얘기가 왜 나왔느냐 하면 누군가 '판사 하면 힘든 게 뭐냐'라고 물었는데 그것에 관해 얘기하다가 나온 거예요. 아마도 대화 분위기를 편하게 하려고 본인에게 이런 실수담도 있다고 한 말일 텐데, 얼마나 많이 얻어먹고 다니면 그랬겠어요. 그런 얘기를 연수생들 앞에서 할 정도면 부끄럽게 생각하지 않는 거죠.

이정렬 어느 부장판사는 이런 얘기를 들려주시더라고요. 그분이 경상도 모 지역에서 지방법원장을 했어요. 하루는 그분 아이가 다니는 학교에서 전화가 오더래요. 이번에 책걸상을 다 바꿔야겠다고요. 일단 전화를 끊고는 '그걸 왜 나한테 얘기하지, 나는 학교 운영위원도 아니고 육성회원도 아닌데'라고 생각했답니다. 학교에서는 아버지가 그 지역의 법원장이니까 학교 책걸상 정도는 바꿔줄 수 있겠지 하고 전화한 거고요.

처음 받아들일 때는 '아마 내가 재력이 있다고 오해했나보다'라고 생각했대요. 판사가 잘 산다고 생각하나보다… 근데 다시 생각해보니 권력의 힘을 빌려 바꿔달라는 걸로 이해가 되더라는 거예요. 그럼 공갈이잖아요. '내가 지역 법원 최고책임자인데 나한테 범죄를 저지르라고 학교 교장이 얘기하는 게 말이 되냐' '이게 제대로 된 나라냐' 이렇게 말씀하셨던 기억이 납니다. 권력을 이용할 수 있다는 생각이 팽배해 있으니 생기는 일이지요. 스폰서는 이런 환경에서 생기는 거고요.

최강욱 시민들의 인식 속에는 그렇게 자리 잡힌 거지요. 또다른 예로, 처음 부임하는 곳이 속초 같은 휴양지의 지원이나 지청이 되면 다른 동기들이 너나없이 전화해서 '나 놀러갈 거니까 콘도 하나 잡아달라'라고 편하게 말했잖아요. 그러면 해당 동기는 당연히 잡아주고요. 근데 그걸 본인이 잡겠어요. 전부 지역의 유지들이 해줬던 것이지요.

이정렬 속초지방법원에 고등학교 선배도 있었고 동기도 있었는데 얘기하더라고요. 놀러오려면 이야기하라고요. 골프장, 콘도 다 잡아줄 수 있다고 했던 기억이 나네요. 참내(웃음).

최강욱 그걸 직책과 직위에 수반되는 당연한 혜택이라고 여기는 인식이 널리 퍼져 있어요. 보통 사람들은 부장검사나 부장판사만 되면 기사 딸린 차가 나온다고 생각합니다. 이처럼 일반인들이 판검사가 돈이 많다고 생각하니까, 판검사들이 외부의 시선과 자기의 현실에서 오는 차이를 메우려고 하는 경향이 커요. 스폰서를 이용해서요.

그러다 보니 스폰서가 필요하다고 당당하게 얘기하는 사람들도 많았어요. 일상적으로 그런 혜택을 누리다보면 이걸 놓치고 싶지 않다는 생각이 드는 거죠. 나중에 경력이 쌓이면 그런 얘기도 해요. 같은 부장이라도 중앙지검 특수부장과 중앙지검 형사부장은 대기업에서 오는 선물이 다르다고요.

이정렬 2005년 삼성 X파일 사건이 폭로되었을 때 이건희 씨의 말도 공개됐잖아요. '옛날 남자 판사들은 돈 주면 받고 술 사주면 먹고 했는데 요즘 여자 판사들은 어떻게 해야 할지 모르겠다. 접대 방법을 강구해봐라.' 그래서 제시한 게 와인 선물이었다고 하고요.

최강욱 그런 걸 우연한 기회에 알게 돼요. 제가 1996년에 결혼할 때 서초동 바로 앞에 어느 생명보험사 지점이 있었는데 거기 지점장이 제 선배였어요. 그 선배가 '너 안다고 써내면 부조금으로 회사에서 200만원이 나온다'라는 거예요. 그렇게 내겠대요. 그래서 '그건 이상하다, 뇌물이다' 해서 거절한 적이 있어요. 그 선배가 나중에 얘기하길 '그냥 받아서 쓰지, 얼굴 모르는 사람들도 그렇게 받아서 내는데 왜 거절했느냐'라는 거예요. 지역 지점장 하는 일이 그거라는 겁니다.

이정렬 그걸 못하면 무능한 사람 취급 받는 거죠.

최강욱 조·중·동에 다니는 기자들한테 기자로서 자괴감을 느끼지 않느냐고 물어보면 자기들을 조·중·동이라고 뭉뚱그려서 표현하는 게 불만이래요. 본인들 경험에 따르면 취재하고 탈고·편집하면서 여당을 의식해서 그들에게 유리하게 쓰라거나 야당 기사를 빼라고 압력을 받거나 한 일은 한번도 없다고요.

검찰도 마찬가지예요. '시민들이 우리를 비난하는데, 우리가 얼마나 고생하는지 알고나 하는 이야기냐' 그런 소리를 많이 합니다. 자기들은 어느 사건이든 정치적으로 고려하는 경우는 전혀 없고 8년차 이상만 되면 전결권이 있어서 검사장한테 불려가본 적도 없다고 해요. 그럴 때마다 제가 그분들에게 하는 얘기는 '당신은 외곽에 있어서 그렇다' '당신이 이너서클에 진입 못했다는 이야기다'라는 거예요.

시국 사건을 접해보면 접견도 못하게 하고 검사들 하는 짓이 희한해요. 그리고 특수부나 공안부에서 잘 나간다고 하는 사람들 보면 거만함이 몸에 배어 있어요. 이너서클에 소속되고 나면 이 자리를 놓치면 안 된다고 생각하고 형사부·공판부에 있는 사람들과 자기 같은 특수부·공안부는 급이 다르다는 생각을 하게 됩니다.

이정렬 제가 전주에서 근무할 때 곽병훈(郭炳勳) 판사하고 같은 방에 있었습니다. 저는 영장 담당이고 그분은 신청 담당이었는데 대학 동기여서 늘 같이 붙어 있었어요. 속을 다 내놓을 정도로 친했는데 이 친구가 어느날 갑자기 박근혜정부 법무비서관이 됐어요. 한편으론 안타깝지만 뭐 어쩌겠냐 하는 심정이었는데, 어느날 보니까 우병우가 팔짱끼고 있는 그 유명한 사진에 곽병훈이 있는 겁니다. 망원렌즈로 찍은 사진을 보면 우병우가 있고, 또다른 사진에서 한 변호사가 호탕하게 웃고 있는데 그게 곽병훈이에요. 법무비서관 할 때 우병우가 민정수석이었으니까 변호인을 맡는 게 자연스러운 것 같기도 하지만 이 친구가 그렇게 '나쁜' 친구는 아니었단 말이죠.

최강욱 저도 곽병훈 씨 잘 안다고 생각했는데 법무비서관으로 갈 때 깜짝 놀랐어요. 강한승(姜翰承) 변호사가 이명박정부의 마지막 법무비서관으로 갈 때는 그 부친께서 신한국당에서 국회의원을 지내기도 했으니 그럴 수 있겠다 생각했는데 곽병훈 변호사는 왜 그럴까 생각했어요. 고향이 대구라서 그랬나, 김앤장에서 가라고 했나…

이정렬 계속 그 동네에 있다 보니까 생각이나 삶 자체가 그렇게 바뀌는구나 싶었어요.

최강욱 그런 삶을 놓치지 말아야 한다는 생각 때문에 정치검사가 되는 거 같습니다. 어떤 줄에 서야 저 보직을 차지할 수 있을지를 생각하게 되고요. 아는 검사의 부친께서 돌아가셔서 상가에 간 일이 있어요. 친한 판사 한분이랑 얘기하고 있는데 갑자기 그 넓은 상갓집에 있는 사람들이 일제히 일어나는 겁니다. 그런 건 처음 봤어요. 그때가 채동욱(蔡東旭) 총장 문제로 시끄러울 때인데 당시 법무부 장관이 황교안(黃敎安)이었어요. 그래서 황교안이 왔나 생각했는데 알고 보니까 김주현(金周賢)이었습니다. 당시 검찰국장이었는데 실세라는 이야기가 있었죠. 법조계에서는 채동욱을 몰아내는 데 핵심적인 역할을 한 게 김주현이라고 알려져 있었잖아요.

이명박·박근혜 시대 검찰의 노골적 줄서기

이정렬 예전에는 상갓집이나 법조인들이 많이 모이는 행사에 가도 청탁 같은 건 전혀 없었어요. '어떤 사건 잘 봐주세요' 이런 말은 안 하는 거죠. '선배님 명성은 익히 들었습니다, 앞으로 배울 수 있는 자리가 많았으면 좋겠습니다' 정도였죠. 정말 부탁할 일이 생기더라도 기껏해야 '기록 좀 꼼꼼히 봐주세요' 정도로 돌려 말했고요. 근데 지금은 직접 대놓고 말합니다. '저는 검사장이 되고 싶습니다!' 이렇게 하는 거죠.

최강욱 1995년을 기점으로 바뀌었다고 생각해요. 현실적·노골적이 된 거예요. 윗사람한테 굴종하는 정도는 훨씬 강해지고요. 심지어 유죄, 무죄 두개를 써갖고 가서는 '부장님, 고르시죠' 하는 사람도 있답니다.

이정렬 저도 한번 당했어요. 후배 판사가 합의를 진행하는데 원고 승소인지 패소인지 잘 모르겠다고 하는 거예요. 그래서 "심리(사실 관계 확인을 위한 증거 심사)를 더 하거나 기록을 더 보거나 하자"라고, 다시 말해 '선고 연기를 하거나 변론 재개를 하거나 둘 중 하나인데 고민해보자'라고 했더니 '부장님 말씀하시는 쪽으로 하겠다'라는 거예요. 하마터면 제 입에서 육두문자가 나올 뻔했어요. 판사로서 기본 자질이 부족한 거죠.

최강욱 이명박 시절을 겪으면서 훨씬 심해진 것 같아요. 이명박이 BBK 관련 검사들한테 인사혜택을 확실하게 주지 않았습니까. 김기동(金基東) 같은 경우는 특수3부와 특수1부 등의 부장을 거치는 식으로 계속 승승장구했어요. 지방도 안 갔어요.

민간인 사찰로 고초를 겪은 김종익 씨가 회사 돈을 횡령했다고 기소된 적이 있어요. 그 사건을 맡은 검사가 서울중앙지검 조사부 부부장이었어요. 서울중앙지검의 부부장들은 허당들이라는 말이 있지요. 이 검사가 김종익 씨 사건 이후에 자기 동기들이 지방으로 내려갈 때 혼자 중앙지검 특수2부 부부장이 됩니다. 별다르게 내세울 경력이나 성과가 없는 친구가 일약 중앙 특수2부 부부장이 되는 걸 다른 동기들이 보는 거예요. 또 「PD수첩」 기소에 반대한 임수빈(任秀彬) 검사 같은 사람은 그만두게 되고, 정권 편에 서서 기소해야 한다고 적극적으로 나선 전현준(全賢埈)이나 최교일(崔敎一) 검사는 승승장구하는 걸 봤으니 이 정권 안에서 챙길 건

챙겨야겠다는 생각을 할 수밖에 없었을지도요.

이정렬 열받네요.

최강욱 우병우도 그래요. 대통령을 죽음으로 몰아넣을 정도로 무리하게 수사했음에도 불구하고 우병우 위의 몇 사람이 사표 낸 걸로 끝났어요. 홍만표(洪滿杓)는 나가서 변호사 개업해서 돈 잘 벌고, 우병우는 우병우대로 잘 나갔고요. 자기가 검사장 안 된 게 엄청난 이변인 것처럼 굴었죠.

　군부독재 시절만 하더라도 공안검사들이 엘리트로서 자부심은 있었다고 생각해요. 1964년 1차 인혁당 사건 때에는 검찰이 기소도 안 한다고 했잖아요. 1987년 박종철 열사 사건 때 최환(崔桓) 같은 유명한 공안검사도 "아무리 공안부장이지만 대학생의 억울한 죽음을 덮고 넘어가는 것은 양심이 허락하지 않았다"(『한겨레』 17.1.13)라고 말하기도 했고요. 군부독재 시절만 해도 '육군사관학교 나온 사람들한테 완전히 복종할 수는 없다'라는 식의 엘리트 의식이라도 있었는데 이제는 그런 것조차 없는 듯합니다.

이정렬 검사들이 왜 그럴 수밖에 없나 생각해보면, 제일 큰 원인이 인사 같아요. 정치권이든 검찰 수뇌부든 다들 인사권을 갖고 건드립니다. 그러면 부당한 대우에 저항하는 게 아니라 오히려 그 편에 붙어버려요. 좋은 머리와 능력을 안타깝게도 자신의 입신양명에 활용하는 거죠.

최강욱 그 문화가 검찰에 널리 퍼지다 보니 자연스럽게 법원으로까지 이식되고 있어요. 1988년의 사법파동은 윗선에서 인사를 갖고 장난치려고 해서 소장 판사들이 들고 일어난 거잖아요. 시위 대학생들에 대한 영장을 기각하니까 박시환(朴時煥) 담당판사를 영월지원으로 좌천시켰죠. 그걸 본 판사들이 못 참겠다 하고 일어난건데…

지금은, 앞에 계시는 이정렬 판사가 지방을 돌고 도는 건 너무 당연한 것으로 여기고 서기호(徐基鎬) 판사가 재임용에서 탈락되는 것도 너무 당연시되는 분위기예요. 심지어 '모난 사람은 법원에 있으면 안 된다' 같은 얘기를 하는 사람이 꽤 많아졌어요.

이정렬 제가 법원에 있을 때 누군가 저에게 '이 부장님 같은 분도 법원에 있어야죠'라고 이야기해주곤 했어요. 그렇게 얘기하는 게 한편으로는 고마운데, 달리 생각해보면 결국 '넌 또라이 짓 해, 나는 못하겠다'라는 말이기도 하잖아요.

답은 헌법에 있다

최강욱 검찰의 권한이 형사 절차에서 필요한 만큼만 행사되고 있는가, 그렇지 않다면 법원이 이를 방치하고 있는 면은 없는가를 이야기해봤으면 합니다.

형사 절차에서 판사의 권한만 놓고 보면 결국 판사에게 의탁해야 하는 상황이 더 많잖아요. 생사여탈권을 판사가 쥐고 있으니까요. 근데 공소장 일본주의(一本主義)●를 검찰이 최대한 활용하는 경우가 있고, 또 변호인 입장에서는 판사가 피고인을 대할 때와 검사를 대할 때의 모습이 다르다고 생각할 때가 많습니다. 옛날에

●판사가 특정 선입관이나 편견을 미리 갖지 않도록, 검찰이 형사사건 피의자를 재판에 넘길 때 범죄사실과 직접 연관되는 내용만 제출하도록 한 형사재판의 원칙.

는 공판 검사랑 같이 회식 하는 게 당연한 일이었고 공판 검사가 검찰 증인들을 사전에 교육시키는 것을 당연시했잖아요. 그런데 판사들은 그건 그냥 넘기면서 피고인 측 증인은 변호사 만나고 왔느냐며 추궁하는 경우가 많았어요. 이런 걸 보고 피고인들이 항의를 많이 합니다. 검사 얘기만 듣고 우리 얘기는 안 듣는 것 같다고요.

김기춘을 구속했다고 하면 뉴스에 '특검이 김기춘을 구속했다'고 나오지, '서울중앙지법 영장담당판사 누가 구속했다'라고는 잘 안 나오죠. 판사의 선고보다 검사의 구형이 크게 다뤄지고요. 예전부터 그런 부분을 지적하는 판사를 많이 봤거든요. 어떻게 생각하세요?

이정렬 맞습니다. 하지만 실제로 바뀌긴 쉽지 않을 듯해요. 첫째는 많은 판사들이 그에 대한 문제의식이 없습니다. 민사에서는 공문서가 하나의 근거로서 채택됩니다. 형사에서는 아니죠. 근데 어느 순간 보면, 형사재판을 민사처럼 하는 거예요. 판사는 형사사건을 맡을 때 수사기관의 조서는 가짜라고 생각하고 임해야 하는데, 어느새 검찰 측 문서는 진정성립이 추정되어 근거로 채택되고, 피고인이나 변호인의 문서는 형집행을 모면하기 위해 내놓는 것이라고 생각하게 되는 거죠. 쌍방이 대등하지 않게 되는 겁니다.

둘째, 시민들이 '변호사 선임할 돈 있으면 합의하지'라는 인식을 갖고 있다는 겁니다. 검사는 불의와 싸우는 존재이고 변호사는 피고인한테 돈 받고 거짓말하는 사람이라는 인식으로 시작하는 거죠. 지금은 유죄 선고할 때 서로 다투는 사건의 경우 거기에 대한 판단을 따로 써주잖아요. 옛날에는 안 썼거든요. 무죄를 선고하는 경우만 그 이유를 자세히 쓰는데, 그게 너무 귀찮죠. 유죄로 가면 판결문 쓰기가 쉽고요. 그런 유혹이 있지 않았을까 싶습니다. 지금은 판결 때문에 그러지는 않는 것 같아요. 요새 유죄판결은 상당히 자세하게 쓰더라고요.

아까 말씀하신 것처럼 '법원이 누구를 구속했다'라고 알려지는 것이 낫다는 데에는 동의 못하겠어요. 법을 해석해보면 구속의 권한은 수사기관에 있어요. 구속 권한이 검찰에서 법원으로 넘어왔다는 건 형사소송법 조문과도 부합하지 않고요.

형량 선고할 때 구형의 절반만 하면 대충 맞다고들 하잖아요(웃음). 법원 내에 선고형에 대한 양형 기준과 결과에 대한 데이터베이스가 없기 때문에 '구형이 얼마이니 대충 이 정도로 때려맞춰보면 되겠네'라는 식으로 되는 거고요. 그러다 보면 어느새 실제 선고는 판사가 하지만 선고의 가이드라인을 검사가 제시하는 게 됩니다. 언론도 그걸 아는 것 같아요.

최강욱 법원이 각성해야 할 지점은 또 있습니다. 말로는 규문주의가 극복되고 탄핵주의로 간다고 해요.● 하지만 실제로 판사들을

●규문주의는 형사소송 절차가 특정 소추권자(예를 들어 검찰)의 소추에 의하지 않고 법원의 직권에 의해 진행되는 것을 말한다. 이른바 과거 왕정시대의 '원님 재판'이 이에 해당한다. 이에 반해 탄핵주의란 원고의 소추를 기다려서 소송절차를 개시하는 것을 뜻한다. 규문주의에서 피고인은 조사의 객체가 될 뿐이지만

보면 검찰의 기소가 명백히 잘못되어 있는 상황에서도 공소기각 이나 무죄판결을 하는 게 아니라 공소장 변경을 통해 유죄로 유도 하는 경우가 적지 않아요. 피고인이 증거에 동의하지 않을 경우에 는 노골적으로 짜증내면서 '재판을 끝자는 거냐'라고 말하는 경우 도 많습니다. 그리고 판사는 피고인의 권리나 입장에 대한 인식이 검사를 대할 때와 판이한 것 같아요. '너는 죄를 지은 놈이다'라고 생각하는 거죠. '관료사법'의 폐해가 그렇게 드러나는 게 아닌가 싶어요.

이정렬 하나 더 추가하자면 판사들이 법률이나 헌법, 특히 헌법에 대한 지식이 너무 없는 것 같아요. 제가 전주에서 영장전담 판사 로 일할 때 영장을 자주 기각하니 검찰에서 욕을 엄청 먹었고 법 원 내부에서도 저를 탐탁지 않게 여겼어요.

'국가형벌권의 행사가 국가의 고유한 권리냐?'라고 질문해보면 그건 아닌 것 같아요. 규칙을 어기는 자를 응징해야 하니 사회구 성원들이 그 권한을 국가에 주자고 합의한 것뿐이죠. 사회계약의 하나입니다. 응징하고 징벌할 권한을 국가에 위임했지만 그것 또 한 폭력이죠. 이 현상을 직시하고 '이 폭력의 정당성을 어떻게 확 보할 것인가'라는 전제에 대해 고민해야 해요. 위임된 권한과 폭 력을 규칙에 의해 행사하도록 규정한 것이 헌법이고 형사소송법 이라고 생각하거든요.

탄핵주의에서는 소송의 주체가 된다.

최강욱 형사소송법에서 말하는 법관의 역할은 헌법정신을 어떻게 사법절차에 투영시키느냐에 있는 거잖아요. 증거법에 관련된 논의도 거기에서 비롯된 것이고요.● 검사는 수사의 주체로서 당사자 역할만 하지만, 법원은 검사의 입장에서 사건을 보는 게 아니라 헌법적 관점에서 피고인의 기본권에 제약을 두면서 수사하는 게 합당한 일인가를 공정하게 봐야 하는 것이고요. 근데 지금 판사들은 검사와 똑같은 입장에서 보는 것 같습니다.

이정렬 검찰도 문제가 있어요. 검찰청법 1조를 보면 '검사는 공익의 대변자이고 인권을 옹호하라'라고 나오잖아요. 공익이라는 개념과 가치를 제대로 판단한다면 '그 목소리를 내가 대변한다'가 아니라 '법을 그대로 집행한다'라고 생각해야 해요.

근데 제가 느끼기에 우리나라 검사는 자기가 곧 공익이에요(웃음). 제가 검찰하고 부딪힐 때마다 듣는 이야기가 '수사하지 말자는 거냐' '이 나쁜 놈을 왜 풀어주느냐' '공익에 반한다' 등등이거든요. 거기서 열이 확 받습니다. 제 판단이 공익에 반한다는 건 제가 사익을 추구한다는 뜻인가요?

법원에 있을 때 고민했던 또다른 문제는 국민의 세금을 받고 일

● 재판에 제출되는 증거는 대부분 수사기관에 의해 수집되고 있고 그러다 보니 그것이 지니는 증거로서의 객관성이 언제나 논란이 된다. 여기서 증거란 피의자 신문조서와 참고인 진술조서, 피의자나 참고인의 진술을 녹화한 영상물 등을 가리킨다.

하기 때문에 을이 되어야 할 법원과 검찰이 실제로는 갑이 된다는 겁니다. 세금으로 봉급을 받는데 폼은 판사가 잡아요. 이걸 어디서부터 풀어야 하고 어떻게 극복해야 할지 퇴직 때까지 고민했는데 답을 못 찾겠더라고요.

최강욱 헌법정신이 없다는 말씀에 많은 이야기가 포함된 것 같아요. 공소권을 남용하면 안 된다는 말은 교과서에만 나오죠. 법원도 공소권 남용을 적극적으로 판단한 적이 없다고 봐야 하고요. 검사도 객관의무(정당한 이익을 옹호해야 할 의무)를 생각하지 않습니다. 진상이 규명된 독재시대의 과거사 재심 사건에서 기어이 상고하고 유죄를 주장하는 모습이나, 재정신청(검사가 불기소하는 경우 그 결정에 불복한 고소인이 법원에 그 타당함을 다시 묻는 절차)이 받아들여져서 공소 유지를 해야 할 때 무죄를 구형한다거나… 이런 모습은 정말 한심하죠.

그러면서 권력의 조종을 받거나 권력에 잘 보이기 위해 정치적인 사건을 만들어낼 때에는 이렇게 항변합니다. 우리가 공익의 대변자인데 무슨 목적으로 사건을 조작하겠느냐고요. 정말 황당한 일이에요.

불기소처분의 통제 면에서 봐도 그렇습니다. 우리가 재정신청을 하면 법원에서 받아주는 경우가 거의 없잖아요. 고소인 입장에서 보면 엄연히 형사사건임에도, 검찰에 고소를 하고 사건이 진행되는 모습을 지켜보면 민사사건과 다를 바 없는 거예요. 증거를 직접 가져오라고 하지를 않나, 그러다 증거불충분이라며 무혐의

처리를 해버리질 않나. 항고하면 고등검찰청 검사는 만나볼 수도 없잖아요. 어느날 종이 한장이 날아오고 그걸 열어보면 '본래의 결정이 타당하다'라는 결론이 적혀 있죠. 마지막 희망이 재정신청인데 백이면 백, 법원은 시간만 끌다가 '안 된다'고 해요. 이 문제는 도저히 극복되지 않는 것 같아요. 물어보면 업무 부담이 과중해서 재정신청 사건까지 들여다볼 여력이 없다고 항변하고요.

이정렬 맞아요. 재정신청 제도를 다시 활성화하자고 얘기하니까 법원에서 업무과중 때문에 곤란하다고 했습니다. 국회에서는 '아니, 법원에 권한을 주겠다는데 왜 안 받아들이는 거냐'고 화를 냈다고 하고요.

최강욱 재정신청이 들어오면 왜 그렇게 부담스러워하고 싫은지 묻고 싶어요. 예를 들면 약식사건(지방법원이 공판절차 없이 서면심리만으로 피고인에게 형을 부과하는 절차)의 경우는 일반인들이 생각하는 것보다 업무량이 많지 않잖아요. 그저 도장 찍기 바쁘고요. 제가 법원 시보로 있을 때 도장 좀 찍어달라고 하는 경우가 제일 많은 게 약식사건이었어요. 약식사건은 그나마 정식재판에 회부하는 경우가 있는데 재정신청은 정말 없는 것 같습니다.

이정렬 지금 드는 생각은 그거예요. 국민들이 법원에 뭘 원할까. 법대로 하는 걸 원하지 않을까.

이재홍(李材洪) 원장이 서울고법 부장판사로 있을 때 정몽구(鄭夢九) 현대차 회장 판결하고 욕먹은 게 그거였어요. 돈 있는 사람은 사회봉사를 돈으로 하면 된다면서 기업가들한테 '준법경영을 주제로 강연하라'라는 식으로 판결했거든요. 상고심 가서 사회봉사의 구체적인 내용은 법원에서 정할 수 없다고 하여 결국 파기되긴 했지만요.

그분이 유명한 말을 했습니다. "재판부 내에서도 장시간 토론을 했다. 언론인, 경제인, 자영업자, 택시기사와 식당 종업원 등 많은 사람에게 물어봤다." 왜 사법권을 다른 사람한테 주냐고요(웃음). 다른 건 차치하고 판결이 경제에 영향을 미치는 걸 왜 판사가 판단합니까. 법대로 해야죠. 그런데 문제가 어디에 있는지를 법원이나 검찰은 몰라요. 주권자인 국민들이 원하는 건 '공정하게 법대로 해라. 다른 건 신경쓰지 말아라'인데…

이명박정부 때부터 사회 전체의 화두가 '소통'이 되어서 그러는지, 법원이 하는 게 SNS 계정 만들고 법원 앞 개천에 나가서 쓰레기 줍고 이런 겁니다. 그러면서 '국민과 함께하고 국민에게 다가가고 신뢰받기 위해 노력했습니다'라고 해요. 쓰레기 주워서 신뢰받을 거면 재판은 왜 합니까. 말이 안 되는 일이에요.

최강욱 쇼를 하는 게 국민과 소통하는 거라고 생각하니까요.

이정렬 제가 트위터 팔로워도 꽤 있고 페이스북 친구도 꽤 되니까 창원지법에서 SNS를 잘 운영하려면 어떻게 해야 하느냐고 물은 적이 있어요. 제가 그래서 이렇게 말했어요. "안 하는 게 답입니다."(웃음) 국민들이 원하는 건 법대로 하는 거예요. 경제위기 걱정은 국민의 한 사람으로서 하면 됩니다.

최강욱 트럼프 미 대통령의 행정명령 효력을 정지시킨 판사의 말도 곱씹어볼 만합니다. 그분이 공화당 지지자인데요. 이렇게 말했어요. '판사가 할 일은 정책의 효과나 타당성을 검증하는 일이 아니라 이 정책이 법에 맞는지 판단하는 것이다'라고요.

예를 들어 용산참사 피해자의 경우를 보면, 일반인들이 납득을 못 하죠. '아들이 화염병을 던져서 아버지를 죽였다'는 판결이 말이 되냐는 겁니다.● 판사들은 증거 법칙 등 여러모로 볼 때 인과관계가 그것밖에 없다고 항변했고요.

그건 애초에 공소권이 남용되었는지의 여부부터 생각했어야 하는 문제라고 봐요. 그런 인과관계는 현미경을 들이대서라도 그 아들이 자기 의사로 그랬는지를, 소위 '인식있는 과실'에 의해 그런

● 재판부는 용산 철거민들의 망루 시위 때 발생한 화재사건에서 '과잉' 논란을 낳은 경찰의 진압작전에 대해서는 정당한 공무집행이었다는 판결을 내렸고, 피고인인 농성자들에 대해서는 그들이 던진 화염병이 화재의 원인이 되었다며 검찰의 공소사실이 모두 인정된다고 밝혔다.

일이 벌어진 것인지를 따져봐야 해요.

이정렬 과실범이 아니었잖아요.

최강욱 그렇게 '과실범인가 아닌가'라는 수준의 생각까지 가지도 못하는 거죠.● 검찰이 내놓은 틀 안에서만 생각한 거예요. 판사들은 영장과 관련해서 수사를 방해하는 걸 부담스러워해요. 그래서 재청구를 하면 받아주는 경우가 많고요. 그러니 검찰에서는 영장 전담 판사 중에서 그날 당직이 누구냐에 따라 '쇼핑한다'라고 표현하기도 해요. 법원에서는 치욕스럽게 생각해야 하는 부분인데, 부끄러움이 없어요.

이정렬 전혀 없죠.

최강욱 판사들은 검찰을 동업자라고 생각하는 것인지, 가끔은 피고인이나 피의자가 하는 호소에 대해 '너희는 늘 그런 소리를 하지, 판사 앞에서 아버지 안 아픈 사람이 누가 있고, 집안의 노모 없는 사람이 누가 있느냐'라는 말도 합니다. 피고인 입장에서는 '억울한 사정을 판사님은 알아주겠지' 했다가 재판 겪고 나면 '판사도

● 과실범이란 주의를 태만하게 하여, 즉 주의의무를 위반하여 실수로 범죄를 저지른 경우다. 피고인이 불법행위를 했더라도 주의의무를 다했다는 사실이 입증되거나 피고인에게 애초에 주의의무가 없다고 법률상 해석되면 이마저도 성립하지 않는다.

똑같구나'생각하게 돼요. 이러니 사법불신이 회복될 수 없는 단계로까지 가죠. 그럼에도 불구하고 법원의 자세 변화를 촉구하면 '그래도 우리가 검찰보다는 낫지 않느냐'라는 식으로 방어하니까 환장할 노릇입니다.

이정렬 법원은 늘 그런 식으로 나오죠. 절대적으로 잘하라는 거지 상대적으로 잘하라는 게 아닌데도요.

최강욱 법관의 위치에 대해 판사들 스스로 가볍게 생각하니까 검사들이 자연스럽게 판사와 맞먹으려고 합니다. 법원과 검찰을 같이 놓고 볼 필요가 없는데 우리나라에서는 반드시 그러려고 하죠. 검사장 숫자 늘릴 때도 고등법원의 부장이 몇명인데 검사장이 이것밖에 안 되느냐는 식으로 말이 나오고요.

사실 검찰은 일개 외청에 불과하고 법원은 사법부를 구성하고 있는데 법원 스스로 자기의 입지나 권위를 지키려는 노력을 하지 않다 보니까 검찰이 이렇게 맞먹는 걸 자연스럽게 생각하게 됐어요. 건물을 지어도 검찰청을 법원보다 1센티미터라도 높게 짓는 게 관행이 되었잖아요. 그렇게 옹졸한 짓을 하는데도, 법원 행정처 사람들 얘기를 들어보면 '검사들은 일치단결해서 원하는 걸 얻어내지만 판사들은 사법권 독립 어쩌고 하면서 파편화되어 대항이 안 된다'라며 한숨이나 쉬고 있습니다.

검사가 특별대우를 받는 거나, 그들이 공익의 대변자 운운하는 것, 스스로를 준 사법기관이라고 칭하는 것 모두 기이한 거잖아요.

본래는 객관적이고 공정하게 사건을 처리하라는 국민들의 요구가 반영된 말들을 검찰이 법원과의 확실한 구분 없이 마구 내뱉다 보니까 어느새 국민들이 검찰을 사법부 소속이라고 생각하게 됐어요. 이게 당연한 걸까요. 자연적으로 극복될 문제라고 생각하세요?

이정렬 사법개혁 한다, 사법부 썩었다고 할 때 그 예시가 다 검찰이에요. 억울하죠. '검찰은 사법부가 아닌데 왜 다들 그렇게 생각할까?' 한편으로는 법원이 검찰과 독립된 기관으로서 존재감을 보여주지 못한 겁니다. 그걸 극복한답시고 '사법부는 검찰과 다릅니다' '판사와 검사는 다릅니다'라고 아무리 말로 떠들어봤자 해결될 리 없죠. 홍보의 문제가 아니라 법원이 제 역할을 해야 하는 거예요. 시민들이 '법대로 했으면 좋겠다'라고 하는 말도 다른 게 아니라 검찰청법 1조만 지켰으면 좋겠다는 겁니다.

검찰개혁의 첫걸음은 국민참여

최강욱 법조계에서 보기에는 고등검찰청(이하 고검) 같은 기구는 빨리 청산되어야 하지 않나요. 고검이 존재하는 이유는 고등법원이 있다는 것 말고는 없잖아요.

만약 대검 중수부가 수사하면서 정몽구를 구속하기 위해 '영장을 신청했다, 공소장을 썼다'라고 하면 그 영장과 서류의 담당 검사 이름에 '대검찰청 검사 아무개'라고 들어가는 게 아니잖아요. '서울중앙지검 검사 아무개'로 써서 기소를 합니다. 다시 말해, 형사 절차의 기본을 무시하면서 대검에서 수사했다는 얘기밖에 안 되는 거죠.

시민들은 그런 정보가 없고 언론도 그런 것에 문제의식이 없어요. 고검 같은 경우에도 '검찰과 법원이 비슷한 거니까 고등법원 있으면 고등검찰도 있어야지'라는 식으로 받아들입니다. 법원이 제대로 역할을 못하니 그런 기본적인 것도 정리가 안 되는 거죠. 그 와중에 검찰은 정보수집권 등 수사 권한을 이용해서 정부로부터 예산을 타내요.

어느날 서초동 고검 건물을 보고 깜짝 놀랐어요. 무슨 하는 일이 있다고 저렇게 으리으리하게 지었나 정말 모르겠어요. 시민들에게도 고검의 문제점과 존치 여부에 대한 올바른 의견을 널리 알릴 필요가 있어요.

이정렬 동의해요. 지금까지 해결책이라고 나온 것 가운데 가장 큰 오류가 자정작용을 너무 믿었다는 겁니다. 사법개혁 얘기하는 분들도 마찬가지지요. '법원을 직접 건드리는 건 좀 그렇지 않나?'라고 생각하시는 분이 많거든요. 법률을 보면 검사를 법관에 준하도록 대우한다고 나와 있어요. 하지만 이 말은 법관에 준하는 대우를 받을 정도로 중요한 일을 하고 있다는 거지, 법관에 준하는 지위에 있다는 뜻이 아닙니다.

저 또한 고등검찰청이 왜 있어야 하는지 모르겠고, 솔직히 대검

도 왜 있는지 모르겠어요. 수사하고 기소하고 공소유지하는 집단
이라면 지방검찰청만 있어도 되잖아요. 인사는 법무부에서 하면
되고요.

최강욱 그래서 수사청 설립이나 기소권 분리 얘기가 나오는 거죠.
노무현정부 때 검찰 내에서 스스로 엘리트 검사라고 생각하는 사
람들은 이렇게 항변했어요. '권력이 검찰에 간섭하지 않으면 검찰
은 소임을 해낼 수 있다.' 그리고 검찰의 독립은 인사권의 독립에
서부터 시작한다면서 검찰이 직접 총장 인사권을 갖게 해달라고
했죠.

  법무부 장관의 수사지휘권 행사와 관련해서도, 2005년 강정구
(姜禎求) 교수 사건(평양 만경대 방문 시 방명록에 '만경대 정신 이어받아 통
일위업 이룩하자'라고 썼다가 파문을 일으킴) 때 천정배 장관이 검찰총장
에게 수사지휘권을 행사하니까 검찰이 집단 항변을 하면서 반발
했잖아요. 검찰 독립성을 훼손한다고요. 그랬다가 막상 정권 바뀌
니까 인사권에 철저히 무릎 꿇는 모습을 보이고⋯ 이 속성이 극복
되겠습니까.

  조금은 다른 이야기지만, 이런 시각도 있어요. 검사들의 출신교
구성이 옛날처럼 명문대에 편중되어 있지 않아 동문의식도 줄어
들었고, 젊은 검사 중에는 여성도 많아지고 있으니 갈수록 독자적
인 판단이 가능해져 괜찮아질 거라고 보는 사람도 있던데 어떻게
생각하세요?

이정렬 남성과 여성 비율을 아무리 조정하더라도 자정작용은 일어나지 않을 것 같아요. 참여정부도 그랬어요. '간섭 안 하고 독립시켜줄게 잘해봐.' 근데 전혀 아니었잖아요. 자정작용을 기대해서는 안 되고 외부에서 손을 대는 게 맞습니다.

최강욱 어디선가 탁한 물이 들어와서 흐려진 게 아니라, 구조적으로 권력이 집중되어 있기 때문에 생기는 문제이기 때문이죠. 집중되어 있는 권력을 통제할 수 있는 법원도, 정치권도 책임을 방기하면서 검찰 눈치만 보고 있잖아요.
　권력과 권한을 분산시켜야 해요. 검찰의 역할과 책임을 확실하게 인식시켜야 하고요. 항간에서는 일본처럼 법조윤리에 대한 교육을 강화하면 다소 나아질 것이라고도 하는데, 교육으로 갱생할 가능성이 있을까요? 검사 양성 과정에서 헌법이나 인권 교육을 강화하는 게 대안이 될 수 있을까 싶네요.

이정렬 택도 없는 소리죠. 저는 국민참여가 대안이라고 생각합니다. 현대 민주주의에서는 대의민주주의가 진리로 꼽히잖아요. '현실적으로 국민 전체가 참여할 수 없기 때문에 대표를 뽑아 그에게 통치를 위임한다.' 근데 촛불집회를 둘러싼 양상을 가만히 들여다보면 정치인들이 파악하는 촛불민심이 다 달라요. 대의정치의 한계라고 봅니다.
　지금 거의 모든 유권자들이 손에 컴퓨터를 들고 다니는 것과 마찬가지이니, 조금만 상상력을 발휘해보면 직접민주주의를 법에

도입할 수 있을 것 같아요. 국민의 직접적인 의사표시와 참여가 국회에 영향을 주어 탄핵소추가 의결됐죠. 행정권력에도 영향을 주었고요. 그렇다면 이제 사법권에도 영향을 미쳐야 할 때입니다. 국민 주권에서 비롯되는 권력 가운데 하나이니까요. 근데 왜 사법권에는 국민참여 얘기가 안 나오느냐는 거죠.

최강욱 국민참여재판의 확대, 기소배심제(일반인으로 구성된 배심원들이 기소 여부를 결정하는 제도) 등을 염두에 두고 계신다는 생각도 드네요.

사법연수원 다닐 때 연수생들이 헌법을 안 배우잖아요. 헌법을 그저 장식적인 법으로 생각하고 그보다는 판례를 중시하죠. 그래서일까요. 법관은 헌법과 법률에 의하여 양심에 따라 심판한다고 쓰여 있는데 지금은 그 순서가 거꾸로 되었어요. 자기 양심을 기준으로 판단 내리고 그에 걸맞은 법률을 나중에 붙이는 식이죠. 공소권 남용에 대해 고민하지 않는 이유가 그런 거예요.

그 문제의 원인에 대해 대법원과 헌법재판소가 분리되어 있기 때문이라고 주장하는 경우도 있습니다. 대법원이 위헌심사권을 갖고 있거나 헌법적 판단을 할 수 있는 권한을 갖고 있으면 헌법을 앞세운 판례를 만들어낼 수 있을 것이고, 그러면 하급심들이 그걸 의식해서 헌법의식이 고양될 거라고 보는 거죠.

이정렬 누가 그런 말을 하는지 모르겠지만 마찬가지로 택도 없는 소리입니다. 법률을 해석할 때 합헌적으로 해석해야 하는 건 맞는 말이지만, 합헌적 법률 해석은 위헌심판 재청을 할 거냐 말 거냐의 문제예요. 중요한 건 법률 자체를 헌법정신에 맞게 해석하는 겁니다. 그런데 판사들이 일이 터지면 일단 '판례 없나' '선례 없나' '다른 사람들은 어떻게 판결했지'만 생각하니까 문제가 되죠. 법조계가 절대 스스로 나아지진 않을 겁니다. 교육으로도 안 되고요. 해결할 수 있는 건 국민의 직접통제밖에 없어요.

최강욱 검사장 직선제는 찬성하시나요?

이정렬 사법체계에 국민참여가 확립되면 검사장 직선은 의미 없을 것 같아요. 직선제가 말 자체는 좋아 보이잖아요. 국민이 직접 선출한 검사장에 의해 통제되니까 민주적 정당성이 생기는 것 같죠. 근데 만약 그렇게 해서 당선된 사람이 우병우라면요? 안 그래도 정치검사, 정치판사 얘기가 나오는데… 만약 제가 이런 식으로 선거제도를 통해 서울중앙지검장에 당선되면 다음에는 서울시장 출마할 것 같아요(웃음).
　제도를 잘 디자인할 순 있지만 그 제도도 사회현상의 영향을 안받을 수 없기 때문에, 지금 국내 상황에는 맞지 않습니다. 오히려 권력을 자의적으로 휘두를 사람에게 정당성만 부여하는 꼴이 될 수도 있습니다.

최강욱 권력을 분산시키고 주권자의 뜻을 반영시키는 '참여의 구조'에서 해법을 찾아야지, 선거제는 그 해법이 아니라는 말씀이시죠?

이정렬 선거제는 문제가 더 있습니다. 그렇게 해서 당선이 되면 그 검사장이 중앙지검 검사들을 어떻게 통제하느냐는 겁니다. '국민들이 이걸 원합니다'라고 해서 일선 검사들이 들을까요. 결국 또 인사권이 문제가 될 거예요. 인사권을 갖고 통제하는 권력이나 권한은 그대로 남는 거죠. 그래서는 대안이 안 됩니다.

최강욱 말이 나온 김에 지금의 검찰총장이라는 지위에 대해서도 이야기해볼까요. 경찰은 그 우두머리가 청장인데 검찰은 총장이라고 합니다. 스스로 장관급이라고 하고 대법원장하고도 맞먹으려고 하고요. 검찰 내부는 검찰총장에 복속하는 구조, 상명하달하는 단선적인 구조로 지휘명령체계가 이루어져 있어요. 검찰총장이 검찰개혁의 주체가 될 수 있다고 생각하세요?

이정렬 대검찰청 자체를 없애야 한다고 생각합니다. 왜 있는지 모르겠어요.

최강욱 사람들이 대검찰청 같은 상부조직은 당연히 있어야 하는 존재라고 생각하지만, 사실 냉정하게 따져보면 검사들의 수사에 간섭하기 위해서 있는 거죠. '이건 봐줘' '이건 더 세게 해' 하면서요.

이정렬 법원관료화를 논하는 것을 보면 인사권을 대법원장이 갖고 있는 것이 문제 아니냐며 문제제기 하는 목소리도 있는데요, 법원이 그 틀을 벗어날 수 없는 건 이유가 있어요. 다시 말해, 상급심이 존재하는 이유는 지역을 막론하고 하나의 법률만 존재하기 때문입니다. 1심에서나 항소심에서는 해석이 달라질 수 있지만, 그런 다양한 법령 해석을 통일하기 위해 대법원이 존재하죠. 거기에 대법원의 존재의의가 있어요.

그에 반해 대검찰청은 왜 필요한가요? 대법원의 판례에 의해 나오는 법령 해석이면 충분하기 때문에 검찰은 지방에만 있으면 된다고 생각해요. 이때 맞물리는 게 경찰이죠. '대검을 날리면 경찰청은?'이라는 질문이 나와요. 그래서 행정경찰과 사법경찰을 분리하자는 거예요. 행정경찰권을 지방자치단체에 주면 사법경찰도 경찰청에 있을 필요가 없죠. 검찰청 검사의 수사지휘를 받는 경찰서만 있으면 됩니다.

최강욱 동감합니다. 현재의 검찰 구조가 권력이 통제하고 장악하기 가장 편한 구조겠지요? 소위 민주정부라는 김대중·노무현 시대의 검찰과 이명박·박근혜 시대의 검찰이 다르다고 보시나요?

이정렬 아뇨. 전에 숨겼던 발톱이 드러났을 뿐이죠.

최강욱 노골적으로 빼놓고 다니느냐 아니냐의 차이다?

이정렬 지금은 그렇게 하고 다녀도 아무도 욕을 안 하니까요.

지방검찰청만으로도 충분하다

최강욱 다음 정권이 들어서면 여야를 막론하고 검찰개혁을 중요한 과제로 얘기할 것 같은데 가장 중요한 건 뭐라고 보세요?

이정렬 일단 검찰조직을 슬림하게 만들어야 합니다. 저보고 사법개혁을 하라면 검찰청을 '날리고' 지방검찰청만 두겠습니다. 경찰 또한 경찰청을 없애고 사법경찰, 행정경찰로 나누고요. 소방직은 국가직, 경찰직은 지방직으로 구분짓고요.
　이런 식으로 권력기관의 힘을 빼야 해요. 법원의 국민참여에는 개헌이 필요하지만 검찰의 국민참여에는 개헌이라는 절차가 필요 없잖아요. 검찰조직 개편은 잘 추진하면 성사될 수 있어요.

최강욱 지금까지는 정권이 검찰과 공생하는 형태를 취했잖아요. 이제는 그걸 끊어내야 할 것 같습니다. 근데 노무현정권 때처럼 '독립시켜줄 테니까 잘해봐'라는 식으로 하면 안 되고 이제는 팔다리를 직접 떼는 식의 처방이 필요하죠.

이정렬 노무현 대통령이 '평검사와의 대화' 할 때 그렇게 말씀하셨어요. '당신들 수뇌부는 못 믿겠지만 당신들은 믿는다'라고요. 그때 '아, 망했구나' 했어요(웃음). 저는 다 못 믿는데 말이죠.

최강욱 참여정부의 결정적인 한계가 그거였다고 봐요. 정권의 핵심을 담당했던 사람들이 조직생활을 해본 경험이 너무 없었던 거예요. 조직 속성도 모르고요. 본인들의 진심이 투영되면 문제가 해결될 거라고 생각했어요. 그래서 결국 모든 개혁에서 실패하고, 믿고 맡기면서 이곳저곳 심어놓은 사람들로부터 배신당하고요. 군, 국정원, 검찰, 외교부, 경찰 부문에서 모두 그랬죠.

그렇다면 경찰은 어떻게 해야 한다고 보세요? 검찰을 개혁한다고 하면 모두가 공감하지요. 국제적으로도 검찰이 수사권까지 쥐고 있는 곳은 없다면서요. 그러면서도 반론으로 내놓는 게 '검찰을 죽이면 경찰이 괴물이 될 텐데 그건 어떻게 할 거냐'입니다.

이정렬 검찰을 법관에 준하게끔 대우해준다면, 경찰을 검사에 준하도록 대우해주는 건 어떨까요(웃음). 역으로 검사를 경찰에 준하도록 대우해주고요. '슬림화, 분산화, 국민참여'가 제가 생각하는 그림이에요.

최강욱 경찰도 그와 마찬가지의 방식으로 개혁해야 한다는 말씀인가요?

이정렬 역사적으로 그 뿌리를 따져 올라가면 과거에는 기소하는 사람, 재판 회부하는 사람, 재판하는 사람이 동일했어요. '원님재판'이었죠. 그걸 분리하는 과정에서 재판제도가 발달하고 검찰 등이 등장했습니다. 문제는, 법원을 견제하라고 검찰을 만들었는데 그 조직이 견제를 하는 게 아니라 주체가 되려고 한다는 거였어요. 검찰의 힘을 법원을 견제할 수 있을 정도로만 줄여야 합니다.

제가 전주지법에서 영장심사를 전담할 때의 일이에요. 당시에 고소사건(고소가 제기되어 수사가 개시되는 사건)은 영장기각이 잘 안 되었는데 인지사건(고소·고발 없이 수사기관이 스스로 수사를 개시하는 사건)은 영장기각이 많았어요. 고소사건, 송치사건과는 다르게 인지사건은 검사가 '이놈을 죽여야겠다'는 태도로 임하니까 이를 바로잡으려 했던 거예요. 그러고 나서 영장기각이 결정되면 검찰 측으로부터 반발과 욕이 엄청났습니다. 법원에서 사건을 제대로 못 보고 기각했다는 식으로 말했죠. 구조적으로 검찰의 힘을 빼야 이런 문제를 해결할 수 있습니다.

법원과 검찰의 결정적 차이

최강욱 이제 마무리할 시간입니다. 재직 시절 경험을 묻고 싶어요. 뉴스를 통해 검사의 행태를 접하거나, 시국사건이나 정치사건을 처리하는 검찰을 보면서 판사들이 서로 의견을 공유하나요? 배석판사나 같은 부장끼리 논의하는 식으로요.

이정렬 전혀 안 합니다. 첫째는 배석판사(재판의 합의부 구성원 가운데 재판장 이외의 판사)와는 그런 얘기를 나눌 수 없어요. 배석판사가 아무리 3분의 1의 지분을 가진 판사라고 해도 그들은 지분을 행사하지 않고 부장판사한테 95퍼센트가량의 지분을 줍니다. 이런 상황에서 배석판사들에게 그런 얘기를 하면 '우리 부장은 정치적 성향이나 관심이 정해져 있으니 거기에 맞춰서 대답해줘야지'라고 생각하는 게 드러나요. 그러니 말을 안 하는 게 낫다는 생각이 들죠.

대개의 부장판사들이 정치 관련해서는 저한테 말을 안 했어요. 'MB가 이건 잘해'라고 말한다고 제 입에서 '맞아요'라는 답이 나올 리 없으니까요.

최강욱 예를 들어 미네르바 사건의 경우는 나중에 무죄가 선고되긴 했지만 일단 구속이 됐잖아요. 그 구속영장을 발부한 건 법원입니다. 그 상황에서 '저 사안으로 영장을 발부한다는 게 말이 되느냐'라는 얘기가 내부에서 나와야 정상이거든요. 그런 얘기를 안 하는 게 큰 문제라고 봅니다.

제가 충격을 받았던 게… 『한겨레21』에서 '올해의 판결'을 심사하는데 미네르바 무죄판결이 '왕중왕 판결'로 뽑혔어요(『한겨레21』 2009.12.23). 제가 그 심사 자리에서 극렬하게 반대했어요. 당연한 판결일 뿐인데 그게 왜 베스트냐고요. 판사가 판결문을 쓰면서 유례없이 새로운 헌법적 시각의 법리를 구성해서 획기적인 판결을 했다거나, 그걸 상급심에서 받아들여줬다면 모를까 애초부터 죄가 안 되는 걸 무죄선고한 게 뭐 그렇게 훌륭한 판결이냐고 했죠.

그랬더니 그때 심사위원장이었던 서울고등법원장 출신 김동건 변호사가 이렇게 말했어요. '제가 삼십년 넘게 판사를 해봤지만 이런 분위기에서 무죄를 쓴다는 게 판사로서는 대단한 용기입니다.' 솔직하긴 한데 너무 비참하지 않아요? 판사가 분위기에 휩쓸려서 판결한다는 거잖아요.

이런 문제에 대해 법원 내부에서 의견을 교환하고 공유해야 하는데 그런 게 없어요. 검찰은 적어도 법원을 비판하는 의견은 그 내부에서 활발하게 공유해요. 어떤 사건이 영장기각 됐거나 무죄가 나면 언론을 통해 그 판사의 개인적인 사생활, 경력 등을 까발립니다. 예를 들면 한명숙 총리 1차 사건에 당시 부장판사가 무죄를 선고했을 때, '전라도 사람이라서 저렇다' '변호사가 그 판사의 연수원 지도교수였다' 등 온갖 낭설이 흘러나왔습니다. 애초에 저런 판결을 봉쇄하기 위해 내부적으로 해당 판사의 뒤를 캐고 은근히 협박조로 들이대서 포위하는 전략도 있어요. 이에 반해 법원은 검찰의 문제를 다들 개인적으로는 알고 내심 검찰에 대한 도덕적·윤리적 우월감을 중시하며 지키려고 하면서도 자기들끼리 이를 비판하고 공유하는 일은 없다는 거죠.

이정렬 구조적인 면에서나 판사들의 경험상 그런 게 안 되는 것 같아요. 검찰은 자기 사건을 다른 사람하고 의논하고 보고하는 게 결재 절차로 있습니다. 법원은 그렇지 않아요. 그런 구조가 아닙니다. 그럴 시간도 없고요. 그걸 논의하라고 하면 쉽지 않을 것 같아요.

최강욱 그런 분위기가 만연하고 일상화되니까 이정렬 판사에게 따라붙었던 '튀는 판사'라는 호칭이 자연스럽게 받아들여지는 분위기가 생긴 거죠. 결국 법원에서 논의되는 이야기라고는 대법원장의 뜻을 받들어서 법원 행정처가 이를 퍼뜨리는 것밖에 없잖아요. 심지어 일선 판사들이 행정처에 이런저런 문제가 있다고 말을 꺼내는 것조차도 법원에서 백안시하고요. 그런 행위조차 튀는 일로 받아들입니다. 어떻게 보면 법원의 구조가 검찰보다 개혁하기 어려운, 숨막히는 구조예요.

법관들의 비리나 사법행정상의 모순이 발생하면 행정처에서 법원장 회의를 소집하잖아요. 그때 행정처 사람들이 제일 짜증스러워하는 게 법원장들이 전화해서 '대법원장님의 생각이 뭐냐' '나는 무슨 말을 하면 좋겠냐'라고 물어보는 거라고 해요. 말도 안 되는 일이죠.

이정렬 그런 사람들만 뽑았잖아요.

최강욱 그런 사람들을 어떻게 판사라고 믿겠습니까. '앉혀놓으면 조는 놈은 있어도 말하는 놈은 없다'는 거잖아요. 한 사람이 일방적으로 훈시하고 사라지고요. 군대보다 심합니다. 군대는 자신들의 모토로 상명하복이라도 내세우죠. 법원은 겉으로는 아니라고 하면서 내부적으로는 더해요.

검찰의 권력남용을 제도적으로 견제할 수 있는 기관은 법원뿐인데, 그 법원이 스스로를 검찰권력으로부터 국민을 보호하는 최후의 보루라고 생각하는 게 아니라 '공익의 대표자인 검찰을 우리가 지원해줘야지 방해하면 안 돼'라고 생각하고 있어요.

이정렬 법원이 왜 최후의 보루예요? 아니에요(웃음). 그런 역할도 안 했고요. 원장, 부장하고 사석에서 만나면 제가 '수호자 같은 소리 하지 말고 법에 있는 대로만 합시다'라고 해요. '나는 그런 사명감 같은 거 없고 그냥 헌법 읽어보니까 이렇게 하라고 되어 있어서 그렇게 합니다'라고요. 그러면 되지, 오히려 쓸데없이 사명감 부여 하고 그런 게 문제라고 생각합니다.

국민들이 법조계를 바로 볼 수 있도록

최강욱 이 대담을 첫 시작으로 하자고 했던 이유가 있어요. 검찰개 혁, 사법개혁 이전에 국민들이 법조계 사람들의 속성을 알아야 한 다는 생각이었어요.

김두식 교수가 『불멸의 신성가족』(창비 2009)이라는 책에서 일종 의 순혈주의 내지는 끼리끼리 문화가 사법계를 지배한다고 비판 한 바 있습니다. 법률가들은 법률 용어랍시고 어려운 한자를 쓰면 서 그걸 마치 전문성과 지식의 징표인 것처럼 말해요. 학교 다닐 때 성적 좋고 시험 보는 재주가 뛰어났다는 이유로 법조인들에게 굴복할 이유가 없다는 걸 이야기하고 싶었습니다.

그런 차원에서 법조인의 한 사람으로서 법률가가 갖춰야 할 기 본적인 소양은 이런 것이다라고 말씀해주셨으면 좋겠습니다.

이정렬 앞서 했던 말이기도 한데, 법률가는 일단 '헌법적인 마인드'를 가져야 합니다. 국민들은 감시가 아니라 참여를 해야 하고요. 더이상 판사·검사 등 법조인들을 믿지 마시라, 그 말씀을 드리고 싶어요.

최강욱 그들이 권한을 갖고 있는데 못 믿으면 어떻게 합니까?

이정렬 국민이 직접 참여할 수 있게 제도를 바꾸자고 말씀드리는 이유가 바로 여기에 있어요. 법률이 어려우니 사법고시 붙은 사람만 법을 다룰 수 있다는 인식을 깨고 이제 국민들이 사법체계에 직접 참여해야 해요.

최강욱 로스쿨 특강을 가서 그런 얘기를 했어요. '로스쿨 왔으니까 학부생활을 다 해봤을 텐데, 학부 다닐 때 법대생들이 특별히 정의롭더냐, 특별히 인권의식이 투철하더냐.' 마찬가지로 로스쿨 들어온다고 없던 인권의식이 생기냐 하면 아닙니다. 그래서 제가 시민들한테도 그렇게 얘기해요. '학교 다닐 때 시험 성적 잘 받는다고 특별히 도덕적이었나요? 그런 친구들이 선생님이 보이는 이상한 행동에 대해 앞장서서 싸우는 거 봤나요? 근데 왜 판사나 검사를 더 도덕적으로 우월하거나 특별한 사람으로 봅니까.' 그들이 잘못하면 책임을 엄하게 추궁해야 하고, 법률에서 벗어난 권한을 행사할 수 없는 구조를 만들어야 합니다.

이정렬 판사, 검사들이 잘못도 하지만 특히 더 욕을 먹는 이유가 사람들의 기대감 때문이라고 봅니다. 절대 기대하지 말라는 말씀을 드리는 것도 그런 측면입니다.

최강욱 이만 대담을 마치겠습니다. 긴 시간 고생하셨습니다. 고맙습니다.

이정렬 감사합니다.

최강욱
vs.
김선수

그 많은 촛불은
왜 타올랐나
— 검찰개혁 완수를 위한 3대 과제

김선수
金善洙

1961년 태어나 대학에서 법학을 전공했다. 故 조영래 변호사 사무실에서 변호사 활동을 시작했다. '민주사회를 위한 변호사 모임' 창립회원, 서울대학교노동법연구회 창립회원 그리고 노동변호사로서 활동해왔다. 2005년 1월부터 2007년 3월까지 공무원으로서 사법개혁 작업에 참여하며 검찰개혁의 어려움을 깊이 체감했다. 법무법인 시민의 대표 변호사로 일하고 있다. 지은 책으로 『노동을 변호하다』 『사법개혁 리포트』 『통합진보당 해산 결정, 무엇이 문제인가』(공저) 『산과 시』(공저) 등이 있다.

과거 정부의 개혁을 통해 짚어보는 검찰개혁의 큰 줄기

최강욱 검찰개혁은 우리나라에서 자주 화두가 되고, 특히 선거철에는 후보마다 중요한 과제 및 공약으로 다루지요. 지난번 금태섭의원과의 대담 때 "대선에서 검찰개혁이 화두가 되는 나라가 세계에서 몇이나 되겠느냐, 우리나라에서만 이런 일이 벌어진다는 건 특이한 현상이다" "이것이 검찰개혁에 대한 필요성 및 시급성을 더욱 드러내는 것 아니냐"라는 이야기를 했습니다.

4·19혁명 직후부터 검찰 중립화에 대한 논의가 있었는데 박정희-전두환-노태우 시대를 겪으면서 검찰 권한이 더 강화되고 더욱 중립성을 잃으며 정치화되어오지 않았습니까. 그런데 중립 문제를 이야기하면 검찰 측에서는 항상 정치권력을 탓하잖아요. "정치권에서 우리를 이용하려고 했기 때문이지, 검찰 자체의 문제가

아니다"라고요. 그 점에 대해서 동의하시나요?

김선수 5·16 후에 정권은 검찰의 권한을 강화해주면서 검찰을 정권의 하수인으로 활용하기 시작했습니다. 자유당 시절에는 정권 유지의 핵심기관이 경찰이었죠. 5·16 및 유신 후에는 중앙정보부였고, 5공화국 때의 보안사, 6공화국 때의 안기부를 거쳐 문민정부 이후 검찰이 핵심으로 등극했지요.●

● 형사소송법의 개정에 따른 인권의 변화, 검찰 위상의 변화에 관하여 김선수 변호사는 다음과 같이 덧붙였다.

"5·16 직후 정부는 형사소송법을 개정하여 영장청구권을 검사에게 독점시키더니 헌법을 개정하면서 이를 헌법 수준으로 끌어올렸지요. 유신 이후 1973년 제3차 개정 때는 검사의 권한이 대폭 강화되었습니다. 구속적부심사제도가 폐지되고, 보석허가결정 등에 대한 검사의 즉시항고가 인정됐고요, 재구속 금지 및 긴급구속 요건이 완화되고, 재정신청 대상은 축소되었습니다. 1980년 제5차 개정에서 구속적부심제도가 부활했지만 검사인지사건 등 상당한 범위의 사건에 대하여 청구 자체가 제한됐어요. 1987년 제6차 개정은 구속적부심사청구의 대상 범위에서 검사인지사건 등 제한 규정을 삭제하여 모든 범죄로 확대했고, 변호인선임 의뢰권을 현행범 체포의 경우에도 인정했으며, 범죄 피해자의 재판상 진술권을 보장했습니다.

1995년 12월 제7차 개정은 대법원 주도로 이루어졌는데, 신체구속제도의 개선(체포영장제도 도입, 긴급구속 폐지 및 긴급체포 도입, 구속 전 피의자신문제도 도입, 체포적부심사 인정), 인권의 실질적 보장(보증금 납입 조건부 피의자석방 제도 도입 등), 형벌권의 적정한 실현, 형사절차의 신속한 집행, 기타 사항의 정비 등이 포함됐습니다.

1997년 12월 제8차 개정에서는 구속 전 피의자신문을 피의자의 신청이 있는 경우에만 하도록 하여 후퇴했지요. 2004년 10월 제9차 개정에서는 헌법재판소의 위헌 결정에 따라 피고인의 체포·구속적부심사 청구 후에 검사가 전격 기소를

　기본적으로 검찰 권한이 너무 강하기 때문에 정권이 검찰을 이
용하려고 했던 거죠. 막강한 권한을 분산시키면 정권 입장에서는
검찰을 이용해 실질적으로 할 수 있는 일이 축소되니까 이점이 없
어지게 되죠. 독재정권이 검찰을 정권유지 수단으로 활용하기 위
해 권한을 점점 더 많이 부여하고 대신 인사권은 대통령이 쥐고

하더라도 법원이 체포·구속적부심사를 계속 진행할 수 있도록 하고, 구속피고인
의 경우 상소제기 여부를 판단하기 위한 기간(7일 이내)을 미결구금일수의 본형
일수에 합산했습니다."

있었던 겁니다. 검찰의 권한은 그대로 둔 상태로 중립성을 강화하겠다면서 인사권 등을 독립시켜주면 검찰 자체가 권력기관화되어서 통제가 불가능하게 됩니다.

최강욱 흥미로운 것은 1960년 4·19혁명 직후 검찰 중립화를 위한 논의가 상당히 진척된 바 있다는 사실입니다. 바로 다음해에 5·16 군사쿠데타가 터지면서 수포로 돌아갔지만 지금 봐도 여전히 현실성 있어 보이는 제안들이 많죠.

우선 당시 검찰개혁론자들은 "정권으로부터 검찰과 경찰을 독립"시키는 것을 기본 원칙으로 삼고, 구체적으로는 다음과 같은 안들을 냈습니다(이하 『법원과 검찰의 탄생』, 역사비평사 참조).

1) 공안위원회, 경찰위원회 같은 독립기관을 구성하여 경찰에 대한 정치세력의 압력과 간섭을 배제한다.

2) 검찰총장을 최고책임자로 하여 정치로부터 초연하게 한다.

3) 검찰총장은 전국 각 고검장, 지검장, 지방변호사회장 등으로 구성되는 검찰회의 같은 기관에서 임명한다.

그리하여 법무부 장관과 검찰총장의 인선 문제를 비롯해 검찰 인사제도를 개혁하는 데 초점을 맞춘 법률개정 작업이 시작되었고, "검사 임기를 10년으로 하고, 검찰인사위원회를 구성하여 연임 여부를 심사하며, 검사의 정년을 하향조정 하도록" 했습니다. 이때 검찰인사위원회는 '법무부 장·차관, 검찰총장, 대검 차장검사, 민의원(국회) 의장이 지명한 법관 자격을 갖춘 민의원 1인, 대법관 1인, 대한변협에서 선출한 변호사 1인'으로 구성되고요.

이때 경찰의 수사권 문제도 언급됩니다. 당시 개정 법률안에는 "사법경찰관에 대한 검찰의 개별적 수사지휘권을 제한하고 범죄의 제1차적 수사권을 사법경찰관에게 부여한다"라는 내용이 담겨 있었습니다. 경찰수사권 독립에 대한 의견도 이와 같이 어느정도 공감대가 형성된 가운데 그 기틀을 잡았던 거죠. 4·19의 경험을 지금 우리 현실에 대입해볼 수 있겠다는 생각이 드는데요. 어떻게 생각하시나요?

김선수 4·19 때 검찰개혁 방안으로 논의된 것 가운데 눈여겨볼 만한 게 경찰에 1차적인 수사권을 부여하고 검찰의 직접수사권은 제한하자는 것이었어요. 이게 의미심장한 겁니다. 검사가 법률 전문가, 준 사법기관으로서 역할을 하는 것은 공소기관으로서의 역할이지 수사기관으로서의 역할이 아니죠.

그런데 우리나라 검찰은 직접수사와 공소권을 독점하고 있어요. 해방 후 친일경찰에 대한 불신 때문에 형사소송법을 제정하는 과정에서 임시적인 조치로 그렇게 했던 것으로 보입니다. 이런 식으로 15년 정도 운용을 해보니 문제가 생겨서, 4·19 때는 사법경찰에게 일차적인 수사권을 주겠다고 한 거예요. 자유당 정권에서 이미 경찰에 수사권을 주는 것이 맞다고 인식했고 예전의 임시적인 단계는 지났다고 본 것이었는데, 검찰의 권한 독점이 오히려 더 강화되어 현재에 이르고 있으니 시급하게 해소를 해야죠.

세계적으로도 검찰이 수사권과 공소권을 독점하고 있는 예는 없습니다. '수사권을 경찰에 넘겨도 되느냐, 경찰은 믿을 수 있느냐'라고 하지만, 검찰과 경찰이 상호 견제를 할 수 있는 상황이 건강한 거죠. 현재는 검찰이 수사권과 공소권을 독점하고 있기 때문에 검찰의 불법수사 등에 대한 견제나 감시가 이루어지지 않고 있어요. 경찰로 1차 수사권이 넘어갈 경우, 검찰이 보충적 수사권이나 수사지휘를 통해 경찰 수사의 불법 등을 통제하는 형태가 됩니다. 서로 권한을 분리해서 견제와 균형의 원리가 작동하도록 하자는 거예요.

다만 직접수사권을 경찰에 넘기는 문제는 경찰의 권력 분산과 함께 이야기해야 합니다. 자치경찰화 하면서, 수사경찰과 행정경찰을 분리하는 등의 견제 체제를 만들어야 해요. 지금 거의 10만 정도 되는 국가경찰체제를 유지하면서 수사권만 경찰로 넘기면 위험이 크지요. 경찰권력의 분산 방안에 대해서는 뒤에서 좀더 이야기할게요.

노무현의 검찰개혁을 돌아본다

최강욱 김대중정부 때는 검찰 자체의 사법개혁안을 놓고 논의했었고, 노무현정부 들어와서는 검찰개혁을 제대로 한번 해보자 하면서 추진했다가 수사권 부분은 건드리지 못하고 흐지부지되었죠. 그때의 경험으로 '강금실 장관은 로드맵이나 실천에 대한 구체적인 계획이 없었고, 정부의 역량도 전체적으로 부족했다'라는 말이 나오기도 하는데, 이때 사실은 상당한 기간에 걸쳐 토의해서 그림은 다 나온 거였잖아요. 단지 검찰의 저항을 뚫어내지 못했던 것 아닌가요?

김선수 김대중정부 시절에 사개추(사법개혁추진위원회)가 대통령 자문위원회로 구성됐어요. 정부위원과 민간위원으로 구성되어 포괄적인 개혁 방향에 대해 논의하고 건의사항까지 정리해 대통령께 건의했습니다. 그런데 구체적으로 입법을 하려면 어딘가에서 법률안을 만들어 국회에 제출해야 하잖아요. 그 부분을 대통령은 그 소관 정부부처인 법무부에 맡겼죠. 법무부는 검찰이 반대하니까 아무것도 진행하지 않고 뭉기적대다가 대통령 임기가 끝나고 말았어요. 대통령 자문위원회에서 개혁안은 그럴싸하게 나왔는데 실제로 추진된 건 하나도 없는 거예요.

참여정부 때는 검찰개혁이 두가지 갈래에서 진행됐는데 첫번째는 사개위(2003년 10월부터 2004년 12월까지의 사법개혁위원회)와 사개추위(2005년부터 2006년까지의 사법제도개혁추진위원회)를 거치는 거였어요. 형사소송 절차를 개혁하는 방안이 논의되면서 거기에 관련된 범위 내의 검찰개혁이 포함된 거죠. 대법원에 설치된 사개위가 검찰조직을 어떻게 할 수는 없으니까 검찰개혁은 형사소송법과 관련된 범위로만 국한됐어요. 사개위에서 대법원장에게 건의한 것을 대법원장이 대통령에게 전달했죠.

대통령이 그걸 추진하기 위해서 대통령 비서관실도 만들고 사개추위도 만들어서 국무총리와 한승헌 변호사를 공동위원장으로 세웠어요. 또 각 장관들을 위원으로 끌어들여서 그곳에서 법안을 실제로 만들고 그 법안을 정부안으로 국회에 보냈죠. 국회의 입법 과정까지 전부 챙겨서 결국 입법으로 이어지게 된 거예요. 이 점이 김대중정부와 노무현정부의 다른 점이죠.

최강욱 참여정부의 사개추위에서 직접 활동하신 것으로 아는데 어떤 일을 주로 하셨는지 설명해주시겠어요?

김선수 사개추위는 2년 한시적으로 출범한 조직이었고, 저는 2005년에서 2006년까지 있었어요. 2005년에 사개추위에서 법안을 만들고, 로스쿨 법안은 교육부, 형사소송법은 법무부, 군사법 개혁안*은 국방부로 하여금 정부안으로 국회에 제출하도록 했어요. 그 후 한승헌 변호사를 모시고 국회의원들을 찾아가서 빨리 입법을 해달라고 부탁도 하고요. 국회의장, 부의장, 각 상임위 위원장 등에게 입법 과정을 끝까지 챙겨달라고 부탁했어요. 사개위와 사개추위의 활동 과정과 입법 등에 대해서는 제가 『사법개혁 리포트』(박영사 2008)라는 책에 정리해놓았습니다.

　‘검·경 수사권 조정과 공직부패수사처 문제 두가지를 사개추위에서 하는 게 좋지 않겠느냐’라는 청와대 측 의견도 있었어요. 사개위는 대법원 산하여서 안 되고, 사개추위로 그 부분을 넘기려고 했는데 사개추위에서 "안 된다, 그것을 여기서 하면 형사소송법

●군사법 개혁안은 통상 '군사법원 조직 등에 관한 법률' '군검찰조직 등에 관한 법률' '장병의 군사재판 참여에 관한 법률' 제정안 세가지를 의미한다.

등 나머지 개혁안들이 좌초할 수 있다, 우리는 사개위에서 넘어오는 것만 하겠다"라고 했어요.

정와대를 중심으로 공직부패수사처 설립과 검·경 수사권 조정을 추진하면서 공직부패수사처에 관한 것은 정부 법률안으로 국회에 제출되었는데, 당시 야당인 한나라당 쪽에서 저지결의촉구안을 내서 입법까지는 못 갔어요. 검·경 수사권 조정은 검찰 출신과 경찰 출신 국회의원들이 의원 발의를 했고, 양쪽 대표들이 국무총리 산하의 검경수사권협의회를 구성해 논의했지만 결국 결렬되어 입법에 실패했죠.

검찰개혁이 쉽지 않은 이유

최강욱 검찰 출신 국회의원이 주축이 되었던 그러한 반대 뒤에는 검찰의 로비가 있었고, 그걸 넘어서지 못했던 것 아닙니까? 당시 국회 의석 수도 확실하게 확보 못했다는 한계도 있고요. 과반이라고는 하지만 안정적 과반이 아니었죠. 그러면 그런 상황이 앞으로도 반복될 수 있는 거잖아요. 검찰의 힘은 여전히 빠지지 않았고요.

김선수 국회에서 법안 처리를 할 때 제일 어려운 게 검찰개혁 법안과 재벌개혁 법안이에요. 검찰이나 재벌에 포획된 국회의원들이 각 상임위에서 딱 막고 있으면 국회에서 의결되기 어려워요. 특히 법사위는 사실상 만장일치제로 운영하기 때문에 한 사람이 강하게 반대하면 법안 상정 자체에 제동이 걸려요. 본회의 의결은 더욱 어렵고요. 법사위원장은 검사 출신들이 하고 있고, 각 당의 간사들도 검사 출신이 많아요.

그래도 형사소송법 개정이 가능했던 게 간사였던 열린우리당 이상민(李相旻) 의원과 한나라당 주성영(朱盛英) 의원 두 사람의 뜻이 맞았기 때문이에요. 간사들이 상당히 치열하게 고민을 했었어요. 당시 법사위원장이었던 안상수가 반대해서 어려움을 겪었지만 간사 두명이 뜻을 맞추니까 넘어설 수 있었어요. 그다음 총선에서 주성영 의원이 공천을 못 받았어요. 아마 검찰개혁을 시도한 것 때문이었을 거예요.

최강욱 이러한 저항이 구체제의 뿌리와 닿아 있다는 생각은 안 해보셨나요? 기득권을 가진 사람들이 자신의 지위나 권세 등이 검찰 권력에 의해 지탱되고 있다고 생각하기 때문에 놓치려고 하지 않는 것 같아요.

김선수 힘을 가진 권력기관은 참 집요하다는 것, 마지막 순간까지 자신들의 기득권을 유지하기 위해 지긋지긋할 정도로 밀어붙인다는 것을 뼈저리게 느꼈어요.

가장 대표적인 것이 재정신청 확대 문제예요. 모든 고발사건에서 재정신청이 가능하도록, 공소유지도 변호사가 하도록 하는 안이 정부안으로 법사위로 넘어갔었어요. 법사위 법안심사소위에서도 거기까지 다 의결이 됐고요. 그런데 법사위 전체 회의에서 고발사건의 확대는 제외됐고, 공소유지는 검사가 하는 것으로 변질되어 의결됐어요. 검찰 쪽에서 어느 국회의원을 통해서 그것 두개를 안 받아주면 법사위 전체 회의에서 통과 못 시킨다고 문제제기를 하니까 재정신청 개선 법안 모두를 무산시키느냐, 두개를 양보하느냐 하다가 결국은 그 두개를 양보하고 의결했던 것이지요. 마지막 순간까지 집요하게 들어가서 조직의 뜻을 관철시키기 위해 노력을 하더라고요.

지금 추진하고 있는 여러가지 법안들도 마지막 본회의에서 통과되는 그 순간까지 한순간도 긴장을 놓을 수 없는 거죠(웃음).

검찰개혁안 토론 첫번째: 수사권·공소권 분리와 공수처

최강욱 수사권과 공소권을 분리하는 문제에 대해 설명해주세요.

김선수 현재로서는 검찰을 제도적으로 견제하는 장치가 필요합니다. 공수처라는 견제 장치를 만들어서 외부의 기관이 수사 및 기소까지 할 수 있도록 하고, 기소권과 수사권을 분리하는 전단계로서 검사가 작성한 피의자신문조서 증거능력을 경찰이 작성한 피의자신문조서 증거능력과 동일하게 제한해야 해요.

또, 재정신청 부분이 아직 불완전한 상태로 있잖아요. 재정신청이 가능한 사건을 모든 고발사건으로 확대하고 기소 결정한 사건의 공소유지를 변호사가 하도록 해야 해요. 공소유지를 검사가 하도록 놓아두면 모든 고발사건에 재정신청이 가능하도록 확대하더라도 실효성이 없어집니다. 우선적으로 피의자신문조서 증거능력과 재정신청 부분을 해결하고 나서 공소권과 수사권을 분리하는 작업을 해야 해요.

그렇다고 해서 일반적인 수사기관으로서 경찰에 모든 수사권을 다 넘기느냐… 꼭 그렇지는 않을 것 같습니다. 경찰비리에 대해서는 경찰이 자체 수사권을 가져서는 안 되지 않습니까? 경찰비리나 검찰 특수부 등에서 담당하는 중요한 사건 등 경찰이 담당하기 어려운 부분은 법무부 내에 별도의 특별수사청을 설치할 수 있지요. 경찰은 경찰청 내에 그걸 두겠다는 거고요. 검사가 특별수사청에 근무하는 경우에는 공소관이 아니라 수사관으로서 역할을 하는 거죠. 검사 자격이 있어도 수사관이기 때문에 형사소송 절차에서는 사법경찰관과 같은 지위인 거예요.

공소는 검찰로 넘겨서 검찰에서 전담하도록 하고, 수사기관으로는 공수처·특별수사청·경찰이 있는 체계를 갖추었으면 해요. 이런 구조로 가면 검찰 권한이 분산되면서 상호 견제할 수 있다고 봅니다.

최강욱 지금 제출된 법안에서는 공수처도 기소권을 함께 가지고 있는 걸로 되어 있잖아요.

김선수 지금은 검찰이 수사권까지 가지고 있기 때문에 이러한 구조하에서 도입을 하자면 그렇게 할 수밖에 없죠. 과도기적으로 불가피해요. 확실하게 수사권과 기소권이 분리되면 그때는 공수처의 기소 권한을 검찰로 넘기고요.

최강욱 검찰 조서의 증거능력을 사법경찰과 동일한 수준으로 하자는 것에는 동의하지만 공수처에는 반대하는 의견도 있어요. '자꾸만 새로운 조직을 만들어서 개혁을 추진한다는 게 복잡하고 오히려 실현 불가능해지지 않느냐' '검찰도 정치적 중립을 수십년 동안 보장받지 못했는데 새로 만드는 공수처나 특별수사청은 어떻게 보장할 거냐'라고요.

김선수 기본적으로 공수처는 대통령이 마음대로 처장을 임명하는 형태가 아니잖아요. 독립성을 강화하고자 하는 취지로 국회 추천 절차를 거치도록 했어요. 금태섭 의원이 그 부분을 계속 걱정하던데요, "우병우 같은 사람이 공수처장이 되면 어떻게 하냐"라면서요. 그건 국회의원들이 막아야지, 그런 걸 걸러내라는 취지로 국회 추천 절차를 거치도록 설계했는데 국회의원인 본인이 그걸 못 막겠다고 하면서 그 논리로 반대하는 건 이해가 안 가요.
　공수처가 완벽한 제도라는 것은 아니지만, 국회 추천 절차를 두도록 한 것은 현재 검찰총장이 국회의 인사청문 절차를 거치면서도 결국은 대통령이 임명한다는 한계를 극복하려는 거예요. 거기에 맞게 국회의원들이 사명의식을 가져야죠.

최강욱 검찰 측에서는 '공수처 같은 조직은 세계 어디에도 없다'라는 주장과, '세계 각국의 검찰도 공소유지의 타당성이나 편의를 위해 직접수사 범위를 확대해가는 추세다'라는 주장을 하는데 어떻게 생각하세요?

김선수 우리나라 검사가 2,000명이 넘고 검찰 수사관이 6,000명쯤 되니 검찰 수사 인력이 거의 8,000명이에요. 검찰이 직접수사를 하면서 공소권을 독점하고 있는 예는 세계 어디에도 없죠. 세계적으로 유례 없는 막강한 검찰권력을 개혁하고 견제하기 위해서는 과도기적으로 세계에서 입법 예가 없는 방법으로 갈 수밖에 없다는 특수성이 있는 거죠.

당장 검찰이 직접수사 인력 6,000명을 싹 없애고 직접수사를 안 한다고 하면 모르겠지만, 직접수사권과 공소권을 다 가지고 있는 상황에서는 과도기적으로 공수처 같은 것이 필요하다고 봅니다.

최강욱 장기적으로는 공수처도 없어져야 한다고 보시는 건가요?

김선수 그건 아니에요. 공소기관은 검찰로 단일화할 필요가 있지만, 수사기관은 복수이면서 서로 견제하는 게 좋지 않겠어요? 조선시대 포도청의 경우도 좌우 포도청으로 나뉘어 있었잖아요. 공수처는 고위공직자 비리사건을 전담하고, 만일 특별수사청이 생긴다면 경찰이나 공수처가 담당하지 못하는 공무원 및 재벌 등을 담당할 수 있죠. 여기에 경찰도 있고요. 현재 특별사법경찰관리가 많잖아요. 노동 쪽과 관련된 근로감독관도 있고, 관세청에서 밀수

단속하는 사람도 있고요. 그렇게 수사기관은 여러군데, 복수화·전문화할 수 있다고 봅니다. 공수처는 독립된 반부패기구로서 여전히 유효한 조직입니다.

최강욱 예전부터 검찰이 공수처에 반대하면서 가장 대표적으로 내세운 논리가 '옥상옥'이라는 거잖아요. 자기들이 잘할 수 있는데, 무언가를 더 만드는 건 집 위에 집을 짓는 꼴이 아니냐고요.

김선수 공수처를 옥상옥이라고 말하는 건 억지예요. 수사 대상 자체가 구분되잖아요. 특히 검사 직무 관련 범죄에 대해 검찰 내부에서 언제 수사를 제대로 했나요? 자정능력이 없다는 게 이미 증명되었으니 수사권을 갖는 기관을 두고 견제하자는 건데 그게 어떻게 옥상옥입니까.

최강욱 검찰 측 논리를 채택하거나 고려해야 할 필요는 없고, 정치적으로 어떻게 입법으로 관철시키느냐의 문제만 남았다는 말씀이신가요?

김선수 네, 그렇게 생각합니다. 이때 국회에서 개혁을 추진하는 쪽이 똘똘 뭉쳐야 하는데, 서로 입장 차이가 있어요. 민주당 의원들 간에도 약간 온도차가 있죠. 공수처에 대해 적극적으로 찬성하는 박범계 의원, 백혜련 의원이나 조응천 의원이 있는가 하면, 적극적이지 않은 의원도 있어요.

최강욱 바른정당의 유승민(劉承旼) 의원은 찬성이라고 하는데 정작 법사위원장인 바른정당의 권성동(權性東) 의원이 반대하죠.

김선수 유승민 후보 외에 안철수 후보와 심상정 후보도 공수처에 찬성하는 입장이죠. 그런데 바른정당의 경우 대선후보를 중심으로 한 당론이라는 게 없는 것 같아요(웃음). 완전히 개별 플레이를 하더라고요.

최강욱 선후관계로 따지더라도 공수처 설치와 수사권 조정 문제가 최우선 과제로 같이 가야 하는데, 경찰이 수사의 주체로 격상된다는 것을 전제로 했을 때 경찰권력을 분산하는 문제도 시간이 걸리잖아요. 그 사이에는 어떻게 견제하고 정리해야 한다고 보세요? 경찰에게로 수사권이 넘어갔다고 치고요.

김선수 검찰의 수사지휘권은 유지해야죠. 아까 잠시 언급했지만, 경찰도 자치경찰 등의 부분은 긍정적으로 검토하고 있는 걸로 압니다. 수사경찰과 행정경찰을 분리하고, 행정경찰은 자치경찰화하고요. 김대중정부 때부터 자치경찰제에 대해 연구했고, 참여정부 때 연구를 토대로 제주도에서 시행했지만 수준은 미약한 상태예요. 자치경찰은 광역 단위와 기초 단위가 있는데, 광역 단위 방안이 이야기되는 것 같아요.

최강욱 광역 단위라면 부산지방자치경찰청이 하나 생기는 건가요?

김선수 광역 단위 자치경찰제는 현행의 일원적 국가경찰제에서 경찰청 중심의 '국가경찰'과 17개 광역시·도 단위의 '지방자치경찰청'으로 구분하는 것을 말합니다. 경찰위원회 아래에 지방경찰청장과 경찰서장이 있는 식이에요. 경찰위원회를 민주적인 인사 9명이나 11명으로 구성하고 그 위원회가 지방경찰청장 임명에 관여하는 거죠. 경찰위원회가 실질적으로 경찰조직을 통제하는 구조로 설계할 수 있을 것입니다.

최강욱 청장 산하에 수사경찰, 행정경찰, 자치경찰이 다 들어가는 건가요?

김선수 경비·치안·방범과 민생범죄 관련 수사는 지방의 자치경찰이 맡고, 수사경찰은 중앙경찰체제를 유지해 중앙경찰청 수사국 산하의 수사본부 형태로 각 지방에 설치하는 구조가 가능할 것 같습니다. 경찰이 정권에 이용되는 것을 막기 위해 경찰관들이 직장협의회를 구성해서 활동할 수 있도록 보장해주는 것이 필요합니다. 경찰 상부의 부당한 지시를 따르지 않는 것이 가능하게 될 수 있죠.

검찰개혁안 토론 두번째: 조직 개편 및 직접민주주의 확대

최강욱 검찰이 그동안 보여온 문제에 대해서는 시민들이 파악하고 있지만, 검찰의 역사적인 권한 비대화 과정에 대해서는 잘 모르지 않습니까? 검찰이 그런 걸 의식해서인지는 모르겠지만 과거사 정리도 전혀 안 했고요. 대법원은 사과를 했지만 검찰은 사과한 바가 없죠. 권력이 검찰의 힘을 정권유지 수단으로 이용해오는 과정에서 신직수, 김기춘, 박철언, 우병우 등의 인물이 등장했지만 검찰의 과거 역사에 대해서는 별로 알리거나 공론화하려는 노력이 없었습니다.

지금 법원도 시끌시끌해서 '대법원장을 어떻게 할 것이냐' '대법관을 어떻게 할 것이냐' 하는 얘기가 나오고 있잖아요. 이런 흐름 속에서는 검찰총장 문제도 나올 수밖에 없죠. 시민단체 쪽에서 제기하는 검사장 직선제부터 '검찰총장의 독립성을 어떻게 인정할 것이냐' 등 여러 사안이 있는데, 총장에 대한 생각을 말씀해주세요. 검찰이 기소권만 갖는 조직이 되면 총장에 대해서는 별다른 개선이 필요 없을까요?

김선수 개혁을 추진할 때는 시간표를 잘 짜야 하는데, 총장이나 검사장 직선제 문제가 급한가 싶어요. 수사권과 기소권을 독점시켜놓은 상태에서 독립성을 강화하면 전혀 견제가 안 되는 검찰파쇼가 될 우려가 있어요.

그런 방향성 자체를 부정하는 건 아니지만 지금 단계에서는 검찰 권한을 분산하고 견제할 수 있는 장치를 만드는 것에 집중하는 것이 좋지 않을까 합니다. 헌법개정을 통해 사실상 연방제 수준으로 지방분권화가 이루어진다면, 지방정부 구성에 있어서 지방검사장 직선제도 충분히 고려할 수 있지만 아직은 그런 단계는 아니지 않나 싶어요. 오히려 직선제 논의를 하다 보면 권한 분산이라는 시급한 과제에 혼선을 야기하고 개혁 자체가 좌초할 우려가 있어요.

검찰총장에 관한 개헌을 주장하는 쪽에서는 국회 동의 절차를 거쳐 검찰총장을 선발하자는 안을 내밀고 있기도 해요. 그러나 그것은 검찰총장을 헌법기관화하고 독립성을 더 강화해주는 셈이니 개혁이라고 할 수 있을지 의문이죠.

최강욱 검찰이 인사권 독립 관련해서 "특검을 봐라, 저렇게 꾸려놓고 간섭 안 하고 놓아두니까 20명이 두세달 일하는 것으로도 엄청난 성과를 내지 않느냐. 우리도 독립해서 일할 수 있게만 해주면 잘할 수 있다"라는 식의 얘기를 많이 하잖아요. 그게 법조계통을 잘 모르는 사람들에게는 그럴싸하게 들리고요.

김선수 검찰이 그렇게 말하는 것은 수사권은 안 놓으면서 인사 독립성만 확보하겠다는 것 아니겠어요? 수사를 하고 싶으면 특별수사청을 만들어서 거기서 수사를 하고, 검찰은 공소(기소) 업무에 전념하면 돼요. 지금 특별검사의 역할은 검찰이 공소권과 수사권 두개를 다 가지고 있어서 수행 가능한 건데, 권한 분산이 잘 이루어지면 특별검사가 필요하다 하더라도 수사만 하게 하는 것도 가능하죠. 노무현정부 때 공직부패수사처가 그런 식으로 설계됐어요. 수사권만 갖는 형태로요.

최강욱 권한을 나누어 검찰이 공소기관으로 바뀐다면 고검과 대검은 현재의 비대한 조직체계에서 벗어나야 하는 것 아닐까요?

김선수 수사권이 분리되지 않더라도 고검이 꼭 필요한가에 대해서는 의문이 있죠. 고검에서 하는 역할은 분담해서 지검에 시키면 되는 거고요. 국가송무는 법무부에서 직접 하면 되는 거지, 고검에서 할 이유가 전혀 없어요. 항고 등도 재정신청 전면 확대로 가면 없어도 됩니다. 안 되면 지방검찰청에 부서를 하나 두면 되고요.
저는 현재 상황에서도 고등검찰청은 폐지해도 된다고 보고, 대검에는 직접수사 기능을 없애는 게 맞다고 봐요. 대검에 반부패범죄특별수사단을 만들어놨는데 그건 대검이 할 일은 아닌 것 같아요. 대검은 기획이나 조정 업무만 하면 되는 거고요.

청와대부터 국정원까지 모든 권력기관의 개혁이 병행되어야

최강욱 검찰조직과 밀접한 관련이 있는 민정수석에 대해서도 얘기를 해봐야 할 것 같아요. 과거 정부도 그렇고 지금도 그렇고, 민정수석실이 검찰을 포함한 권력기관들로부터 정보를 수집하고 통제 및 지시를 하는 기구로 여겨지고 있잖아요. 검사들도 파견을 가고요. 민정수석의 힘도 막강하고, 인사검증 권한은 물론이고 공직자 감찰 등 여러곳에 관여하죠.

사법개혁이나 검찰개혁 문제 등에서 민정수석실의 역할이 어떻다고 보세요? 김기춘이나 우병우를 보면 검찰을 장악하고 통제하는 통로로 민정수석을 이용한 것 아닙니까? 민정수석이 주요 사건 보고를 받으면서 청와대 하명 사건에 대해 수사를 지시하기도 했고요.

김선수 이명박·박근혜 정부 때 민정수석이 그런 통로 역할을 해왔죠. 그런데 지금은 청와대 근무가 검사를 그만두고 일년 이상 지나야 가능하게 됐어요. 청와대 근무 후에 2년이 지나지 않으면 검사를 할 수 없고요. 검찰에서 직접 민정수석실이나 청와대로 올 수는 없는 구조가 되어서, 일단 기본적인 단절 장치는 법적으로 마련된 것 같아요.

최강욱 노무현정부 때 개혁이 좌초한 것은 민정수석실이 제 역할을 못했기 때문이 아니냐는 불만을 가진 사람들도 많아요. 민정수석실 산하에 사법개혁비서관이 있었는데 민정수석이 검찰조직 장악은커녕 속성도 제대로 파악하지 못하고 있으니, 아까 말씀하신 것처럼 뒤로 가서 항명하는 식으로 로비를 하는 일이 벌어졌다는 거죠. 지금도 마찬가지로 법안을 추진하려고 하면 그때와 똑같은 일이 발생할 가능성이 있는데, 그런 차원의 직무 감찰을 민정수석이 적극적으로 수행해야 하는 것 아닌가요?

김선수 검찰뿐 아니라 경찰 및 국정원 등 모든 권력기관 개혁이 중요한 과제가 될 텐데, 민정수석은 개혁 컨트롤타워 역할을 해야 하지 않을까 싶어요. 대통령이 개혁을 추진할 때 이를 정확하게 보좌하는 역할 말이에요. 조직을 장악해서 정권 유지에 기여하는 게 아니라, 그 조직들이 국민을 위한 기관으로 확실히 자리매김할 수 있도록 대통령의 공약을 추진할 수 있게 해야겠죠.

최강욱 줄곧 정책의 선후를 중요하게 고려하고 계시는데, 공안검사의 세가 지금은 미미해지긴 했지만 그래도 아직 그 존재감을 드러내고 있습니다. 박근혜정부 시기에는 지방선거 전에 서울시 공무원 간첩혐의 사건 등이 터진 바 있고, 국정원 대선개입 사건도 있었죠. 공무원 간첩혐의 사건은 법치주의의 기본을 흔들었다라고 보는 시각도 있습니다(전수안 전 대법관 『창작과비평』 대담). 위조된 증거에 의해 수사가 진행될 수 있고 자신이 유죄판결을 받을지도 모른다는 공포는 사람들을 주눅들게 만들지요. 공안검사라는 구조는 어떻게 손을 볼 수 없을까요?

김선수 막연하게만 알고 계시는 분들이 많으니, 우선 공안부서에서 어떤 역할을 하는지 잠시 설명드릴게요. 대검공안부 공안1과는 대공사건, 테러사건, 출입국 관련 사건, 남북교류협력 관련 사건을 맡고 있습니다. 2과는 선거사건, 정당·정치자금 관련 사건을 맡고요. 3과는 노동 관련 사건, 학원 관련 사건, 사회·종교 등 단체 관련 공안사건, 집단행동 관련 사건을 맡습니다. 참여정부 때 공안3과를 폐지했는데, 이명박정부가 들어섬과 동시에 공안3과를 부활하고 업무 영역을 분할했죠.

대검 공안부의 존재 때문에 개별 사건에 대하여 수사검사 개인의 독자적 판단보다 정치적·사회적 판단을 중시하는 경우가 많아, 준사법기구로서 검사의 역할을 수행하는 데 방해가 되고 있습니다. 원칙적으로 정치적·사회적 필요성의 판단은 법의 집행자인 검사가 고려할 요소가 아니죠. 또한 공안 수요의 감소로 업무가 수사보다 정보수집에 집중되어 있습니다. 공안사건 수사 과정을 보면 그 업무 내용상 특별히 공안부에서 전담해야 할 이유가 없고, 형사부에서도 충분히 처리할 수 있어요. 일반 형사부가 수사와 기소를 담당하면 오히려 보다 엄격한 증거 확보와 공소유지가 가능합니다. 공안부는 자백 위주 수사, 불충분한 증거에 의한 무리한 기소, 피의사실 공표 등의 문제를 종종 일으켜왔죠.

공안사건이라는 개념이 계속 존치됨으로써, 공안사건들에서는 국민의 자유와 인권을 보장하기 위한 일반적 법원칙을 무시해도 된다는 의식이 조장되어왔습니다. 공안이라는 이름 때문에 반인권적 처사에 대해서도 비판적 접근을 하기 힘든 측면이 있고요. 검찰조직 내 공안의 개념을 축소하고 공안부가 사회의 자율성과 국민의 기본권을 침해하지 못하도록 해야 합니다. 공안사건에서 학원, 노동, 사회단체, 종교단체, 선거 관련 사건을 제외해야 하고요. 공안부를 폐지하고 필요한 경우 구체적인 범죄를 기준으로 전담 부서를 두는 방향을 검토하되, 현실적으로 폐지가 힘들다면 축소해가야 합니다.

단, 공안에서 담당하는 것 가운데 노동 부문은 노동 전담 검사로 전문화하면 좋겠어요. 근로감독관 부족으로 감독 자체가 제대로 안 되는 형편이지만, 근로감독관들이 기소 의견으로 송치해도 검찰 단계에서 제대로 처리하지 않는 것이 너무 많아요. 각 대통령 후보들이 근로감독관을 대폭 충원해 노동경찰 기능을 강화하겠다는 공약을 내세우고 있는 마당이니, 노동 전문 검사에 대해서도 고려했으면 합니다.

최강욱 노동 전문 검사의 구체적인 업무는 어떤 것이 될까요? 공안 검사는 사측과 노측을 불러서 노사분규에 개입하는 등의 일을 벌여왔는데, 그런 식으로 되면 안 되는 것 아닌가요?

김선수 지금 노동 부문에서 문제가 되는 것에는 최저임금법 위반, 부당노동행위, 산업안전법 위반, 임금체불, 불법 파견 등이 있습니다. 노동자 보호법을 위반하는 사건의 경우 근로감독관들이 감독 및 수사해서 송치해온 사건들을 정확하게 공소제기해야 해요. 법을 위반한 사용자들이 확실하게 형사처벌을 받을 수 있도록 말입니다.

최강욱 법무부의 탈검찰화를 꾀하면서, 법무부 장관이 검사에 대한 인사권을 계속 보유하는 게 맞기 때문에 검찰국에는 계속 검사들이 남아 있을 수밖에 없다는 의견이 있는데요. 이 부분에 대해서는 어떻게 생각하세요?

김선수 법무부 장관의 인사권을 통해 문민통제가 일부 이루어지는 셈이기 때문에, 이 부분은 그대로 두는 것이 맞다고 봅니다. 그렇다면 법무부 내에 검사가 머무를 부분은 검찰국 정도가 아닐까 싶어요. 나머지인 법무실이니 인권국, 출입국본부나 교정본부 등에는 검사가 전혀 필요 없을 것이고요. 법무 업무의 전문화를 위해 담당 업무 전문가나 법조인 자격이 있는 변호사 등이 가는 것이 훨씬 좋다고 봐요.

최강욱 인권국 같은 곳은 사실 검사가 가 있으면서 인권개선에 기여한다는 선전용으로만 활용하지 실제로는 일을 안 하잖아요. 인권위원회와 업무상 겹치는 부분도 많고요.

김선수 아까 이야기한 공안부 개편과 검찰 파견 부분은 법 개정이 필요 없는 사안이죠. 대통령의 의지가 있다면 신속하게 개선할 수 있는 부분이에요.

최강욱 제도가 바뀌지 않아도 사전에 그렇게 할 필요가 있다는 말씀이시죠. 검사 감찰 문제도 결국 공수처가 설치되면 해결될 수 있는 거고요.

김선수 그렇죠. 감찰은 내부의 문제인데, 어느 조직이든 내부 견제를 완벽하게 할 수는 없잖아요. 외부에서 공수처가 수사권을 갖고 해결해야지, 내부에서 해결할 문제는 아닌 것 같습니다.

검찰개혁과 시민참여

최강욱 감찰이 내부에서만 진행되어 문제였으니 외부에서 시민들이 참여하는 모니터링을 법제화하자는 목소리도 있습니다. 노무현정부 때부터 '시민옴부즈맨' 제도가 실시되었고 항고심사회(항고사건·고소사건 처리에 대해 변호사·법학교수 등의 의견을 청취하는 제도) 제도도 마련되어 실제로 제도 도입 이후 항고사건 가운데 재기수사명령(항고청의 검사가 지청의 검사에게 재수사를 지시함) 비율이 늘어나는 경향도 있었습니다. 하지만 그 한계도 명확한 것 같아요. 그밖에 어떤 방식으로 시민들이 검찰을 감시할 수 있을까요?

김선수 기소배심제, 항고심사회, 검찰시민위원회 방식은 현 단계에서 적절한 검찰개혁 방안이 아닙니다. 검사의 기소권 행사에 대한 시민통제 장치로 기소배심제(또는 대배심)나 검찰시민위원회 제도가 거론되고 있지요. 기소배심제는 현재 미국의 연방과 절반 정도의 주에서 시행되고 있고, 배심제도의 원산지인 영국은 1930년대에 기소배심제를 폐지했습니다. 검찰시민위원회 제도는 일본이 검찰심사회라는 명칭으로 시행하고 있고요.

기소배심제는 중죄를 기소할 때 관할구역 주민들로 구성된 배심원들의 판단을 거쳐 일정 수 이상의 찬성을 얻도록 하는 제도입니다. 검찰심사회는 검사가 불기소한 사건을 지역 주민들로 구성된 검찰심사회가 검토하여 불기소처분이 부당하다고 인정하는 경우 기소 의견을 낼 수 있도록 하는 제도고요. 미국의 기소배심이나 일본의 검찰심사회는 모두 법원에 소속되어 있습니다.

현재 우리나라 검찰이 자체적으로 시행하고 있는 항고심사회나 검찰시민위원회 등은 검찰에 설치되어 있다는 점에서 본질적으로

위 제도들과 다르지요. 배심재판(또는 소배심)에 비추어 기소배심제도 효과적인 기소권 통제장치로 기능할 것으로 보고 검찰개혁 방안으로 제시되고 있는 듯하지만, 배심재판과 기소배심은 구조적 차이를 지녔기 때문에 동일한 선상에서 평가할 수 없습니다.

재판 절차에서는 공판중심주의가 철저하게 관철되기 때문에, 배심원은 법관이 주재하는 가운데 진행되는 대등한 양당사자인 검사와 변호인(및 피고인)의 공방을 지켜보고 상식에 기초해서 유·무죄 판단을 하면 됩니다. 그러나 기소배심이나 검찰시민위원회에서는 공판중심주의가 전혀 적용되지 않으며, 수사 기밀성 등의 이유로 비공개 진행이 원칙이에요. 피의자와 변호인도 출석할 수 없고, 검사가 제출한 증거만을 기초로 판단을 하게 됩니다.

기소배심의 경우 증인을 소환해서 신문할 수도 있으나, 증인신문 과정에는 검사만이 참석하고 피고인이나 변호인은 참석할 수 없어 검사가 직접수사를 하지 않는 미국에서는 대배심이 오히려 증거수집의 한 방편으로 활용된다는 평가가 있습니다. 배심원들이 방대한 수사기록을 읽을 수도 없으므로 검사의 의도에 반하는 결정을 하기 어렵죠.

시민을 불신하는 것이 아니라 구조 자체가 그렇게 되어 있기 때문에 검사의 기소권을 효과적으로 통제할 수 있는 장치라고 보기 어렵습니다. 검사가 직접수사를 거의 하지 않는 미국에서도 기소배심이 검찰의 기소권 행사를 정당화하는 절차로 전락했다는 비판이 있는데, 검찰이 수사권마저 독점하고 있는 한국에서 기소배심제를 도입한다면 기소권 정당화는 더욱 심화되겠죠.

나아가 기소배심 또는 검찰시민위원회가 도입되면 다른 검찰 개혁 방안이 봉쇄될 우려가 있습니다. 재정신청제도 개선은 더 이상 주장하기 어렵게 되어버려요. '시민들이 참가하여 불기소 결정을 한 사건을 법관이 사후심사하는 것이 타당한가'라는 의문이 제기될 테니까요. 기소배심이나 검찰시민위원회의 결정으로 기소된 사건의 경우에는 법원에서 무죄판결을 하는 데 부담을 느낄 수 있고, 또한 '시민위원회에서 시민들이 기소 결정을 했는데 어떻게 법원에서 무죄를 선고하느냐'라면서 법원을 공격하는 도구로 악용될 여지도 있습니다. 그런 걸 시행할 생각이 있다면, 그 부분은 법률로서 제도화하지 말고 대검에서 내규를 만들어 자체적으로 운영해야죠. 그러면 외부에서 검찰의 내부적 노력의 일환으로 평가할 수 있지만, 시스템으로 들어오면 안 돼요.

다시 말하지만, 현 단계에서 기소배심이나 검찰시민위원회는 적절한 검찰개혁 방안이 아니에요. 우선 재정신청제도를 모든 고발사건으로 확대하면서, 공소유지자를 검사가 아닌 지정 변호사로 해 그 실효성을 제고하는 방안을 도입해야 합니다. 또한 검사를 비롯한 고위공직자 비리에 대한 상설적인 수사 및 기소 기관인 고위공직자비리수사처를 설치해야 하고요. 수사권과 기소권을 분리하면서, 검사가 직접수사권을 보유해야 하는 영역의 경우 수사검사는 기소검사의 지휘를 받도록 해야 합니다. 이를 제도화한다면 검찰의 영역 가운데서 공판부과 형사부 등을 중심으로 기소청을 별도로 분리하여 기소 및 공소유지 업무를 담당하고, 일정 분야의 수사업무를 담당하는 검찰청은 대폭 축소하는 방안도 가능할 것입니다.

최강욱 정부가 바뀌고 제도 개선이나 법 개정 작업을 추진할 때, 과거처럼 대법원에 사개위를 설치해서 토의를 한다는 등의 절차는 필요 없다고 보시는 거죠?

김선수 기본적으로 대법원은 검찰개혁과는 관계가 없어요. 대법원에서 무언가를 한다고 하면 법원개혁일 거고요. 대통령 산하의 위원회를 둘 필요가 있는가 하는 문제인데, 제 생각으로는 굳이 필요 없을 것 같아요. 물론 추진팀은 있어야 할 텐데, 추진팀 정도를 두고 국회 내 법사위나 특위와 긴밀하게 협의하면서 그 안의 동력으로 진행하면 되지 않을까 합니다.

최강욱 법무부 장관의 검찰총장에 대한 구체적 수사지휘권은 어떻게 생각하세요?

김선수 현재 수사지휘권을 서면으로 발동하도록 되어 있잖아요. 그런 정도는 필요할 것 같아요. 검찰에 대해 문민통제가 필요하니 완전히 폐지하는 것은 무리고, 장관을 통해 문서로 남기면 공론화할 수 있게 되죠. 장관의 수사지휘가 부적절한 것으로 평가되면 그에 대한 정치적 책임을 지면 되니까 그런 정도는 필요하다고 봅니다.

검찰개혁안 토론 세번째: 재정신청 확대와 조서의 증거능력 개선

최강욱 국민들은 새로 출범할 정부가 적폐를 청산해주기를 기대하고 있고, 검찰개혁을 이루어내야 한다는 생각에서 우리도 책을 준비하기 시작한 것인데, 사실 지금까지도 성과가 없었다고는 볼 수 없잖아요. 공판중심주의도 나름대로 강화되었고 검찰총장 인사청문회만 하더라도 사실 이전까지는 국민들이 볼 수 없던 일이고, 재정신청도 조금 확대되기는 했죠.

하지만 정치적 상황이나 구도가 바뀌지 않으면 원하는 수준의 변화는 이끌어내기 어려울 것이라고 봅니다. 참여정부 때 계속 지적되었던 로드맵의 부재, 구체적인 실천역량의 저조함 등이 이번에는 극복될까요? 대통령 하나 바뀐다고 해서?

김선수 사개위·사개추위 때 논의하고 연구한 자료 등이 축적돼 있으니 검찰개혁 방안이 부족해서 안 되는 건 아닌 듯하고, 국회 입법이 가능할 것인가가 관건이라고 봅니다.

이명박·박근혜 정부 때는 정부 내에 개혁을 위한 특별기구를 설치하지는 않았죠. 국회 내에 사개특위를 만들었는데, 이미 나와 있는 방안들 가운데서 골라 국회에서 합의하면 되는 단계였어요.

다음 정부에서는 개혁 방안 가운데서 입법이 필요한 부분과 입법 없이도 가능한 부분을 구분하여 추진해야 해요. 첫째, 입법이 필요 없는 부분으로는 앞서 말한 법무부의 탈검찰화가 있어요. 법무부를 검찰이 장악하고 있는데 그런 구조는 법무부 조직에 대한 인사권 및 법무부 직제 개편을 통해 해소할 수 있으리라고 봅니다. 검찰 쪽도 시행령 등을 통하면 입법 없이 직제 개편을 할 수 있죠. 둘째, 입법이 필요한 것 가운데 제가 가장 우선적으로 이루어져야 한다고 보는 것은 공수처 설립과 재정신청 확대, 피의자신문조서 증거능력 개선 등입니다. 공수처에 대해서는 앞에서 말씀드렸고, 뒤의 두가지에 대해 얘기할게요.

공수처에 대해서는 권성동 법사위원장이나 김진태 간사가 반대하는 입장이고 의원들마다 의견이 크게 갈리는데, 검사 작성 피의자신문조서의 증거능력에 대해서는 법사위 전문의원 검토 보고서를 봐도 크게 반대 의견이 없더라고요. 금태섭 의원이 312조를 개정한 형사소송법 개정안(검사가 작성한 피의자신문조서의 증거능력을 검사 이외의 수사기관에서 작성한 피의자신문조서의 증거능력과 동일하게 공판 준비 또는 공판기일에 그 피의자였던 피고인 또는 변호인이 그 내용을 인정할 때에 한하여 증거로 할 수 있도록 함)을 발의했지요.

현행법상 검사 작성 피의자신문조서는 별다른 논리적 근거도 없이 경찰관이 작성한 피의자신문조서보다 우월한 증거능력이 인정되어, 검찰에서의 진술이 사실상 재판의 결과까지 좌우하고 있습니다. 이로 인해 형사재판은 후진적인 '조서재판'이라는 오명을 쓰고 있고 공판중심주의가 여전히 취약한 실정이에요.

이 제도는 선진국에서 유례를 찾아보기 어려울 뿐 아니라 검찰 수사 과정에서 피의자가 자백을 강요받는 근본적인 원인이 되고 있습니다. 검찰 수사를 받던 피의자 등이 스스로 목숨을 버리는 사례가 계속 이어지지 않습니까? 검사가 작성한 피의자신문조서의 증거능력을 경찰관이 작성한 피의자신문조서와 동일하게 하여, 재판 과정에서 피의자나 변호인이 동의하지 않으면 증거능력을 부여하지 않음으로써 실질적인 공판중심주의를 실현해야 하는 거죠.

이 부분에 있어서는 다들 별다른 이의가 없더라고요. 재정신청 확대에 대해서는 법무부가 반대하는 논거를 써냈던데, 별 설득력이 없는 것 같고요.

이 세가지가 일차적인 거라서 지난 2월 법사위 공청회 때 이월 국회에서 세가지를 처리해달라고 했더니 세개 법안을 처리하긴 했더라고요. 검사로서 퇴직 후 1년이 지나지 않은 사람은 대통령비서실 직위 임용을 금지한 검찰청법 개정안과, 검사징계법 개정안, 변호사법 개정안 등 세개를 통과시켰어요. 검찰개혁과 관련해서는 중요성이 떨어지는 것들입니다.

최강욱 예전 사개위에서 논의할 때도 공판중심주의를 놓고 검찰과 법원이 대치했던 거잖아요. 그때도 조서의 증거능력 얘기가 나오지 않았나요?

김선수 나왔죠. 2005년 5월쯤 평검사들이 항명하고 난리가 났었어요. 그게 검사 작성 피의자신문조서 문제였는데, 그 증거능력을 경찰 작성 조서와 동일하게 하겠다고 기획추진단 차원에서 의견이 나가니까 평검사들이 집단적으로 반발했어요. 그때 절차가 어땠느냐면, 사개추위 내 기획추진단이 안을 만들어서 차관급으로 구성된 실무위원회의 의결을 거치고 장관급으로 구성된 본위원회에서 최종적으로 의결해야 했어요. 그런데 기획추진단에서 실무적으로 검토하던 단계에서 그 뒤로 차관급 실무위원회에 상정을 못하고 두달간 유예한 채 실무위원 다섯명으로 그것만을 검토하기 위한 소위를 구성했어요. 소위 구성원이 법원에서는 박병대(朴炳大) 법원 행정처 기조실장, 검찰 쪽에서는 이준보(李俊甫) 대검 기조실장, 교수 중에서 신동운(申東雲)·박상기(朴相基), 변호사 중에서 정미화(鄭美和) 이렇게 다섯명이었어요.

두달 동안 일곱번 정도 모여서 밤늦게까지 회의를 했는데, 결국은 막판에 법원이 돌아섰어요. 법원이 '검사 작성 피의자신문조서를 차별적으로 인정하는 형태를 유지하되 수사 과정에서의 인권 보호 장치를 더 강화하자'면서 진술거부권 고지라든가 변호인 참여, 수사 과정의 목록 작성 등을 도입하자고 제안했어요. 법원이 돌아서니까 박상기 교수가 또 그쪽으로 따라가서 5인 소위에서 3 대 2가 되었죠. 경찰 쪽에서는 그 다섯명을 '사법개악 5적'이라고 부르면서 반발했고요.

법원 쪽은 법원조직법 개정을 통해 법조일원화가 확실하게 도입됐잖아요. 2026년부터 최소한 10년 이상 경력을 가진 사람 가운데서 판사를 선발하도록 되어 있는데, 검사가 꼭 그래야 하는가는 의문이 있어요. 행정조직이라는 측면도 있잖아요. 그렇다 하더라도 법조 경력이 있는 사람들 중에서 엄격한 기준으로 검사를 선정하는 루트도 남겨두면 어떨까 싶어요. 노동 전담 검사라든가, 특정 분야에 있어서는 전문성이 있는 외부 인사를 선발하는 것도 고려해볼 수 있지 않을까 합니다.

최강욱 사개위에서 외국의 검찰제도 등을 살펴볼 때 형사소송 절차나 검·경 간의 수사권 문제 관련해서 참고할 만한 예가 있었나요?

김선수 미국은 제도가 너무 달라서 참고하기가 마땅치 않았고요. 독일의 경우는 검찰에 직접수사 인력이 없어요. 수사권이 있느냐 없느냐를 떠나서 인력이 없으니까 사실상 직접수사를 할 수 없죠. 프랑스는 예심판사가 중요 사건의 수사를 지휘하는데, 우리와는 너무 달라서 직접적으로 참고하기는 어려워요. 일본은 검사가 직접수사를 자제하는 편이에요. 경찰과 협력관계고요. 토오꾜오 특수부가 열심히 하는 정도인데, 구속기간이나 변호인 참여 등 형사절차에 있어서는 우리가 따라갈 만한 모델이 아니더라고요. 일본 검찰은 정밀사법이라고 해서 무죄율이 무척 낮아요. 법원도 검찰의 항고심사회도 제기능을 하지 못하는 것 같아요.

최강욱 기소편의주의● 문제에 대해서도 언급해주세요.

김선수 기소법정주의●●를 헌법에 규정하자는 의견도 있지만, 기소

● 형사소송법 제247조에 명시된 검사의 권리. 검사는 범인의 연령, 성향, 지능, 환경, 피해자와의 관계, 범행의 동기 및 수단과 결과, 범행 후 정황 등을 이유로 공소를 제기하지 않을 수 있다.

●● 기소편의주의에 대응하는 말. 기소하기에 충분한 객관적 혐의가 있을 때는 반드시 기소를 해야만 한다는 원칙이며, 공소의 취소도 인정되지 않는다.

법정주의를 한다고 하더라도 일정한 한계는 있을 거예요. 저는 영장청구권을 검사에게 독점시킨 '검사의 신청에 의하여'라는 이 아홉 글자를 삭제하는 게 중요한 개헌 과제 중 하나라고 보는데, 그걸 삭제하지 않고 기소 관련해서 헌법에 다시 '검사'라는 말을 넣어서 규정하는 것은 피했으면 해요. 검사 출신인 홍준표 후보가 경찰에도 영장신청권을 주어야 한다고 강력하게 주장하고 있지요. 저는 영장신청권 문제는 헌법 사항이 아니고 법률 사항이며 헌법에서 '검사 신청' 독점을 폐지한다고 해서 반드시 경찰에 인정해야 한다고 보지는 않았는데, 홍준표 후보는 더 나아갔죠. 형사소송법에서 적정하게 분배하면 된다고 봐요.

법률로 규정한다고 하더라도 일정한 경우에는 기소유예할 여지를 남겨둘 수밖에 없는 것 아닌가요? 결국은 불기소처분에 대한 견제 및 통제 장치를 제대로 만드는 것이 중요한데 그것은 재정신청을 전면 확대하는 것으로 이룰 수 있다고 봅니다.

최강욱 법원도 재정신청 부분에 대해서 큰 역할을 못하고 있는 게 사실이잖아요. 예를 들어 "공소유지를 검사가 담당한다"는 것 이전에 법원이 재정신청을 적극적으로 심리하고 많이 받아들이는지를 살펴보면, 거의 안 하고 있잖아요.

김선수 관할 고등법원에서 재정신청 심리를 맡으니까 사건이 너무 많고 제대로 안 되는 것 같아요. '재정신청 심리 과정 가운데서 판사의 역할이 어디까지냐, 새로운 증거 조사 등을 할 수 있느냐'라는 부분이 굉장히 소극적으로 규정되어 있어서, 대한변협의 지난 집행부에서 재정신청개선TF 팀을 구성해 개정안을 만들었고, 이번에 박영선(朴映宣) 의원이 그 안을 받아서 형사소송법 개정안을 냈어요.

그 개정안을 보면 추가 수사 등을 가능하게 해놓았고, 관할을 지방법원 합의부로 조정했어요. 지방법원에 재정신청 전담부를 두면 어느정도 충실한 심리가 될 수 있지 않을까 해요. 공소유지를 변호사가 맡고 또 변호사가 일정하게 보완수사를 할 수 있도록 하면, 재정신청이 상당히 활성화될 수 있을 거예요. 적어도 검찰시민위원회보다는 실효성이 있으리라고 봅니다.

최강욱 현재 법률체계상으로 검찰 권한을 견제할 수 있는 가장 강력한 집단이 법원인데 그간 법원은 편향된 수사에서의 공소권 남용 주장 같은 것은 거의 인정하지 않았잖아요. 증거능력 문제에 있어서 대법원 판례를 진전시켜왔다고는 하지만요. 법원의 역할이 거기에 머물러야 할까요? 사개위 때도 느낀 바가 많았고요.

내부적으로, 예를 들어 사법행정에서 대법원장 권한의 비대화 문제나 법원에 줄 세우기 문제 등을 지적하면 항상 '검찰이 호시탐탐 법원의 권한을 침범하려고 하는데, 그것은 국민들의 이익에 부합하지 않으므로 우리가 일치단결해서 대응해야 한다. 그러한 조직력을 확보하기 위해서라도 대법원장이 인사권이나 행정처의 보좌 기능을 강화하는 것이 필요하다'라는 식의 논리가 있거든요. 거기에 대해서는 의견이 없으신가요? 저는 공소권 남용 등에 대해서도 법원 측이 좀더 적극적으로 지적하면 개선될 수 있는 부분이 많을 것 같은데요.

김선수 일단 기소한 사건에 대해서는 법원이 충실하게 재판을 진행하면서 기소가 제대로 됐는지를 확인하고, 불기소 사건에 대해서는 재정신청을 전면적으로 확대하면 재정신청 심리를 통해 통제할 수 있죠. 그리고 기소한 사건에 있어서는 공판중심주의를 철저하게 운영하고 국민참여재판을 확대하여 재판 과정에서의 민주성을 확보할 필요도 있다고 봅니다.

공소권 남용 사건에서는 법원이 공소 기각판결한 것이 딱 한건 있었던 걸로 기억해요. 유우성 건을 불기소처분 했다가 다시 문제 삼아 기소한 것을 항소심에서 공소기각 판결했어요. 필요하면 공소기각 판결을 하고, 손해배상책임을 인정하는 등 확실하게 견제해주어야 할 필요가 있죠.

최강욱 여지껏 그렇게 못하고 있었던 것에 대해 시민들은 '동료의식이 강해서가 아니냐'라고 여기기도 하더라고요. 연수원 동료들이고, 자기와도 잘 알고, 일반인과는 다른 특권 계층으로서 판사와 검사가 같은 반열에 있다는 생각 때문에 그런 것 아닌가, 하는 게 한 가지고요. 또 하나는 '법원이 검찰에 약점을 잡혀서 그러는 것 아니냐'라는 생각을 하는 사람들도 있더라고요.

김선수 공소권 남용을 인정하면 판사가 오판한 것에 대해서도 책임져야 하는 것 아니냐는 두려움도 있는 것 같아요. 소위 '튀는' 판결을 하는 판사들에 대한 법원 수뇌부의 의지도 좀 작용하지 않았을까요?

최강욱 과거 론스타 사건 때도 서울중앙지법과 대검 중수부 간부들이 모여서 회의한 것이 문제된 일이 있었잖아요.●

김선수 2017년 3월 26일 『한겨레』에 중앙지방법원의 형사부장, 영장 담당 판사들이 법원 행정처에 근무했던 사람들로 되어 있었다는 내용의 기사가 실렸어요.●● 대법원장 입장에서 봤을 때 그쪽 입장을 어느정도 반영해줄 수 있는 법관들로 인사를 해온 것도 영향이 있는 것 같고요. 대법원장이나 수뇌부의 의지가 중요했던 것

●유회원 론스타 코리아 대표의 잇따른 영장 기각을 놓고 갈등을 빚던 법원과 검찰이 영장 재청구 문제에 대해 의견을 나눈 것으로 밝혀져 논란이 된 바 있다. 이 회동에 참여한 인물은 이상훈 서울중앙지법 형사수석부장과 민병훈 영장전담판사, 박영수 대검 중수부장, 채동욱 수사기획관 등이다.

●●"26일 『한겨레』가 2012~17년 주요 형사사건 재판을 맡는 서울중앙지법 형사합의부 부장판사의 근무 이력과 승진율을 분석한 결과, 형사합의부 부장판사 65명 중 53명(82%)이 대법원장 영향력 아래 있는 법원 행정처 심의관과 대법원 재판연구관 근무 경험이 있었다. 이들 중 심의관 출신은 22명, 재판연구관 출신은 41명이었고, 둘 모두를 경험한 판사는 10명이었다. 대법원 경험 없이 재판 업무만 보던 판사는 12명(18%)에 그쳤다. 법원 행정처는 대법원장을 보좌하거나 각종 법원 행정업무를 보는 대법원 내 조직이고, 재판연구관은 대법관들의 재판업무를 보조하는 역할을 한다."

같습니다.

최강욱 판사가 감사원장뿐 아니라 방송통신위원장, 권익위원장, 인권위원장 등 다른 행정부처의 장으로 가고 있는 현상에 대해, '사법권 독립을 침해할 수 있다'라고 받아들이는 견해가 있고, '법원 출신들이 가서 새로운 시각에서 일을 해보는 건 좋은 것 아니냐'라고 생각하는 경우도 있는데, 김선수 변호사는 어느 쪽이세요?

김선수 법관직을 마치고 가는 것은 크게 문제 삼을 필요가 없을 듯하나, 법원장 등으로 근무하는 중에 옮기는 것은 부적절한 것 같아요. 특히 대법관 임기 중에 다른 행정부로 가는 것은 큰 문제라고 생각해요. 최고법원의 구성원으로서 그건 사법부에 대한 모독 아닌가요? 또한 '다른 자리 때문에 그 사람이 대법관으로서 공정하게 업무를 수행하지 못한 것 아니냐'라는 의혹을 사게 되니 법원 조직 자체에도 상당히 해를 끼치는 행위죠.

이전 개혁을 발판으로 한발 더 나아가기

최강욱 노무현정부 사법개혁 작업에 처음부터 참여하셨고 나중에 실무도 맡아서 하셨는데, 지난 뒤에 제일 속상하고 아쉬웠던 점이 있다면 무엇인가요? 법안 가운데 이건 꼭 처리가 되었어야 한다거나, 또는 이렇게 되면 안 됐었다거나 하는 것들 없으세요?

김선수 재정신청이 막판에 왜곡된 것 때문에 많이 속상했고, 군사법 개혁이 쉽게 될 줄 알았는데 끝까지 아무것도 못했던 게 아쉽죠. 지난 국회에서 이상민 법사위원장이 조금 개정해서 사단 단위에서 군단 단위로 군사법원을 끌어올리는 것 정도의 개혁을 했어요. 지금 개헌 논의하는 쪽에서는 평시 군사법원 폐지 이야기가 나와요.

최강욱 그건 노무현 대통령 때부터 공약이었는데, 계속 안 되고 있죠. 사개위가 뭘 안 한 것처럼 사람들은 느끼지만 결과가 꽤 나왔거든요. 결정적인 부분에서 디테일이 바뀌어서 그렇죠.

김선수 그래도 법학전문대학원, 배심재판(참여재판), 형사소송법의 대폭적인 개정, 세가지는 성과라고 할 수 있죠.

최강욱 사법시험과 로스쿨을 병행해도 되는데 없앴다면서, '개천에 있는 용들도 승천할 기회를 줘야지 그렇게 막아버리면 어쩌느냐'라는 말도 많았거든요. 지금도 여전히 '그들만의 리그'로 만들려고 하는 것 아니냐는 목소리가 있어요. 그것에 대한 포인트를 짚어주세요.

김선수 실제 조사에 의하면 사회적 취약계층 가운데 사법시험을 통해 합격한 경우보다 로스쿨에서 장학금 받고 변호사 된 사람이 더 많다고 하지 않나요?* 로스쿨에서 장학금 받고 공부해서 변호사 자격증 딴 사람들 이야기를 들어봐도, 만약 사시였다면 자기는 변호사가 될 수 없었을 거라고 말하는 사람들이 많더라고요. 제도상 사법시험에 제한 자격이 없다고는 하지만 외형만 그럴 뿐이지 않습니까?

최강욱 그런 현실이 많이 알려지지 않았죠. 법조일원화와 로스쿨이 연관되는 문제인데 시민들은 그것도 잘 모르고요.

앞으로 인사 시스템을 정비하는 문제, 법관을 어떻게 충원할 것이냐 하는 문제도 중요하잖아요.

김선수 법조일원화가 완전하게 도입되면 십년 동안의 변호사 활동을 보고 판사로 충원해야 하니까, 여러가지를 감안할 수 있겠죠. 어떤 소송을 어떻게 진행했고, 공익 활동은 어떻게 했는지를 판단해서 임명한 법관의 위상이나 역할은 연수 받고 나와서 기수별로 쭉 임용되던 시절과 다를 수밖에 없지 않을까요?

● "2012년 첫 로스쿨 출신 변호사가 배출되면서 법조계에 큰 변화가 시작되었다. 사법연수원 00기로 대표되는 기수문화와 서열주의가 사라졌고, 변호사 사무실의 문턱은 낮아졌다. 그리고 다양한 배경의 전문인들과 사회 취약계층인 저소득층이 장학금 혜택을 받아 로스쿨에 입학한 후 현재 이미 법조인이 되었다. 로스쿨의 순기능은 실제 통계로도 뒷받침된다. 기존 사법시험 체제보다 법조인을 배출한 숫자가 2배 이상 증가하였고, 신규 개업 변호사의 서울 쏠림 현상이 완화되어 법률 서비스의 사각지대가 감소되었다." (2016년 9월 5일자 한국법조인협회의 성명서)

최강욱 예, 맞습니다. 이제 마무리하겠습니다. 긴 시간 동안 고생하셨습니다. 감사합니다.

김선수 수고하셨습니다.

검찰, 과연 어떻게 바꿔야 할까

이 책을 준비하며, 바람직한 검찰의 모습은 무엇인지 질문했다. 시민들이 그리는 검찰과, 헌법과 법률이 명한 검찰의 역할이 무엇인지도 살폈다. 그 과정에서 제 역할과 표상을 찾지 못한 검찰을 만났다. 왜 그렇게 하지 못하는지, 어떻게 하면 그렇게 할 것인지를 묻고 답했다.

전문가들의 결론은 한결같았다. 대한민국 검찰은 너무 많은 힘을 갖고 있다. 아무리 선한 의지를 가진 정치권력이라도 이 상태로의 검찰을 놓아두면 그 막강한 힘 때문에 다시 검찰을 이용하려는 유혹을 느낄 수밖에 없고, 검찰은 그 틈에서 다시 권력과의 거래를 통해 잇속을 챙기려 들 것이다.

검찰의 역사적 뿌리 ●

    불과 100여년 전까지 왕정하에서 살아서인지 여전히 우리에겐 '국민주권'이라는 말이 낯설 때가 있다. 민주공화국에서 직접 대통령을 선출하고도, 우리의 정치 상황을 전제정치에 비유하는 글이 지나치게 유통된다. 우리에게는 국민주권보다 '전능한 가부장' 같은 법치주의가 더욱 자연스럽게 느껴지다 보니 그 법치주의의 도구인 '검찰'이 지닌 힘을 과장하여 생각하고 두려워하게 되는 측면도 있는 듯싶다. 하지만 우리는 이 법치주의가 18세기 프랑스혁명에 의해, 다시 말해 '인간과 시민의 권리'라는 이름으로 군주와 귀족의 부정한 특권을 견제하기 위해 만들어졌음을 알아야 한다.

    지금처럼 사법부가 독립한 것은 프랑스혁명 이후의 일이다. 이에 대한 사상적 토대를 만든 건 프랑스 철학자 몽떼스끼외였다. 그는 자신의 책 『법의 정신』에서 '권력분립 원칙'을 언급하며 그것의 근거로 "재판권이 입법권에 결합되면 자의적 권력이 탄생하고 재판권이 집행권에 결합되면 압제적 권력이 탄생"함을 들었다. 혁명 2년 뒤에 만들어진 프랑스 헌법은 "입법부의 입법행위의 결과인 법에 우월하는 것은 없다"고 선언했다. 또한 행정부의 형벌권과 사법부의 재판권 또한 분리해야 했다. "공익을 위해 공적으로 제기하는 소송" 즉 공소를 제기하는 행위가 나타난 배경이다.

● 이 단락에서는 정재민 「정의로는 장난치지 말라」, 『신동아』 2017년 5월호 (http://shindonga.donga.com/3/all/13/920692/1)와 김철 『한국법학의 반성: 사법개혁시대의 법학을 위하여』(한국학술정보 2009)를 주로 참고했다. 해당 구절을 그대로 인용하는 경우는 별도로 표시했다.

개인적 이익을 위해 제기하는 사소(私訴)와는 엄연히 다른, 기소권 또는 소추권의 탄생이다.

혁명 이전 프랑스에서는 "왕의 명을 받아 영주나 재력가를 찾아가서 벌금을 징수하거나 재산을 몰수하는 일을 하던 '왕의 대관(代官)'이라 불리던 사람들이 있었다". 혁명 이후 공화국은 기존의 체제를 활용하여 그 '왕의 대관'들에게 기소권을 부여했다. 이렇게 탄생한 검사제도는 독일과 일본을 거쳐 우리나라로 유입됐다. 우리가 대륙법계 국가에 속하게 된 연유다. 형사소송법 제246조에는 그 역사와 원칙이 담겨 있다. 조문은 '국가소추주의'라는 제목 아래 "공소는 검사가 제기하여 수행한다"고 정했다. '기소독점주의'의 근거가 여기에 있다.

우리나라가 대륙법 계통의 국가임을 지적한 것은, 기소 여부를 시민들의 대표로 구성된 대배심(Grand Jury)이 결정하는 영미법 계통과 대비하기 위해서다. 대배심은 검찰개혁 방안의 일환으로 제기되는 시민참여 방안의 원조가 되는 제도라 할 수 있다. 얼핏 보면 대배심이 민주주의에 더 충실한 것처럼 보이지만 유래만 따지자면 오히려 왕권 강화를 위해 만들어진 제도다.

대배심의 기원은 12세기 영국에서 찾을 수 있다. 당시 영국 국왕 헨리 2세는 영주들의 관할 지역까지 왕의 재판관할권을 확대하기 위해 전국 각지에 대배심을 설치했다. 정기적으로 파견되는 치안담당관은 대배심으로부터 그사이 발생한 사건들을 보고받는 식이었다. 이 같은 대배심 제도는 이제는 그 목적을 '왕권 강화에서 시민권 강화로' 전환하며 미국 연방헌법 등에서 보장되고 있다. 미국 수정헌법 5조를 보면 "대배심에 의한 고발 또는 기소가 있지 아니하는 한, 사형에 해당하는 죄 또는 파렴치죄에 관하여 그 누구도 심리를 받지 아니한다"라고 명시한다. 중대한 범죄에 대해 공소를 제기할 경우에는 반드시 대배심이 기소하도록 규정하고 있는 셈이다.

이러한 역사적 배경을 가진 검찰의 기소권은 불공정하게 사용될 때 심각한 문제를 낳는다. 편파적 수사와 부당한 기소의 문제야 더 말할 나위가 없고, 죄 있는 사람을 봐주느라 기소하지 않으면 아예 재판에 회부조차 못하니 이를 시정할 기회를 처음부터 박탈당한다. 검찰의 힘은 기소권보다 '기소를 하지 않는 권한'에서 나온다는 역설이 성립하는 이유다. 이렇듯 검찰은 기소권만 놓고도 많은 문제를 낳을 수 있는데, 우리나라 검찰은 수사권마저 합법적으로 행사할 수 있으니 막강할 수밖에 없다. 오늘날 검찰이 보이는 위세와 정치권력과의 결탁은 괴물 같은 힘으로 민주주의와 법치주의에 깊은 상처를 가하고 있다.

대한민국 검찰의 현재

정권의 안위가 무엇보다 중요했던 정통성 없는 권력자들은 검찰의 힘을 최대한 이용하려 했고, 검찰은 그 기회를 틈타 자신들의 권한을 늘려나갔다. 그 결과 많은 이들이 숱하게 지적한 것처럼, 한국 검찰은 세계에서 유례 없이 막강한 권한을 가진 수사기관이 되었다. 본래 법무부의 외청에 불과한 검찰은, 국내에서는 현행법상 수사의 주재자이자 지배자다. 수사의 시작, 수사 방법의 선택, 구속을 포함한 영장청구 여부, 기소여부의 선택, 공판절차에서의 관여, 재판의 집행, 형사절차 외에서의 국가의 대리 등을 법률상 보장받고, 출석요구 사실의 공표, 피의사실의 언론 브리핑, 재판과정 및 결과에 대한 언론대응 등 비제도적 권한을 통해 가히 형사사법 절차의 전 과정을 지배하고 있는 것이다. 2,000명이 훌쩍 넘는 검사와 7,000명에 육박하는 수사관 등이 모여 직접 수사를 할 뿐 아니라 경찰 수사도 지휘한다. 총장을 정점으로 일사불란하게 움직이며, 마음만 먹으면 어떤 사람이든 엮어서 감옥에 집어넣을 수 있고 아무리 나쁜 사람이라도 면죄부를 줄 수 있는 권한을 독점한다. 국회 법사위를 검사 출신 국회의원과 파견 검사를 통해 '사실상' 장악하고, 청와대 민정수석실로 들어가 각종 정보를 수집해 인사에 관여하며, 법무부를 자매기관 격으로 두고 정부 입법안에 영향력을 행사한다. 대법원과 헌법재판소, 심지어 국가인권위원회에서마저 검찰 몫을 확보한다. 엄연한 독립 외청으로 정부조직상 같은 반열에 있는 경찰은 수사를 보조하는 하부기관쯤으로 취급하면서 말이다. 이러니 '검찰공화국'이라는 말이 생길 수밖에 없다.

아이러니하게도 검찰이 이처럼 막강한 권한을 갖게 된 것은 군사독재를 벗어난 민주화 덕분이다. 법과 절차를 의식하지 않았던 날것의 물리력이 후퇴하고 민주화의 진행으로 법적 절차를 중시하게 되자 법적 권한을 앞세운 검찰의 힘이 안기부와 보안사를 능

가하기 시작했던 것이다. 시민들의 치열한 항쟁과 희생으로 일구어낸 민주화 분위기 속에서 이루어진 5공 청산 국면에서 검찰은 마침내 전직 대통령을 구속하기에 이르렀고, 정치인과 고위 공직자와 재벌의 부패를 감시하고 척결한다는 명분을 내세워 무소불위의 권력기관으로 성장한 것이다.

이러한 검찰은 이명박-박근혜 정권을 거치면서는 군사독재 정권의 주문을 처리하던 과거의 수준을 넘어 권력의 입맛에 맞게 정국의 향방을 결정하는 준 정치집단의 역할까지 맡아 수행했다. 이명박정권 이후 정치의 긍정적 기능이 퇴화하거나 실종되어 사회적 갈등이 정치적 해결보다는 사법적 판단에 넘겨지는 일이 잦다 보니, 검찰이 이제 각종 사회 이슈에 관한 판정자를 자임하는 상황이다. 견제 받지 않는 권력은 절대 부패한다. 검찰 권한의 오남용이 거듭될수록 사회정의는 후퇴했으며, 법의 권위는 추락했다. 대한민국의 법치주의란 불의한 정권이 자행한 국가폭력의 정당화를 위해 쓰이는 수사(修辭)로 전락하고 말았다.

그 결정판은 박근혜, 최순실, 김기춘, 우병우 등의 등장과 몰락이었다. 정권과 유착한 검찰은 청와대와 비선 실세의 비리를 눈감아주었고, 결국 대통령 탄핵이라는 미증유의 사태를 불러왔다. 책임을 회피하며 알량한 법지식에 기대어 시민을 조롱하고 법치주의를 농락하는 전직 검사들의 모습을 보며 시민들은 '법꾸라지'라는 신조어를 만들어냈다. 현재의 검찰은 과거 홍만표·진경준 등이 보여준 부패의 모습과는 다른, 적폐와 거악의 '종합판'인 것처럼 보인다. 정치검사, 떡값검사라는 말로는 그 실상을 도무지 온전하게 표현하고 담아낼 수 없을 정도다.

개혁의 물길

이제 검찰의 개혁과 민주적 통제는 도저히 외면할 수 없는 시대적 과제다. 어렵게 발전시켜온 우리의 법치주의와 민주주의를 지켜내기 위해서라도 더이상 미룰 수 없는 일이 되었다. 중앙정보부를 창설한 김종필이 국가정보원의 수사권은 없애야 한다고 말하듯, 제헌의회에서 친일경찰을 견제하기 위해 몰아준 힘을 다시 제자리로 돌리려던 제2공화국 국회의 경험과 의지를 오늘의 현실에 비추어 새로이 검토해야 한다.

수사권과 기소권을 분리하고, 시민이 참여하는 외부 감시체계의 확립을 통해 검찰의 '막무가내 식 독립'이 아닌 '정치적 중립'을 강제해야 한다. 그것이 법과 제도로서 확고하게 자리잡기 전까지는 고위공직자비리수사처 설립을 통해 권한의 남용을 견제하고 구성원의 비리를 척결해야 한다. 물론 경찰의 개혁 또한 당연히 수반되어야 한다. 수사경찰과 행정경찰의 분리, 자치경찰의 구체화와 제도화, 경찰위원회 등을 통한 민주적 통제장치 마련 등이 필수적 과제다. 법무부의 문민화도 시급하다. 굳이 법을 바꾸지 않아도 가능한 일이니 새 정부에서 신속하게 시행해야 한다. 검찰청의 상급기관이면서도 검사들에게 장악되어 있는 기형적 구조에서 벗어나 민주적 정당성에 기초한 검찰 통제기관으로 확고한 위상을 정립하고, 민주주의와 법치주의의 발전과 정착에 진력하는 명실상부한 전문가 집단으로 거듭나야 할 것이다.

이처럼 광범하고 다양한 검찰개혁은 어떤 이유로도 물길이 막혀서는 안 된다. 그래야만 신직수-김기춘-박철언-우병우로 이어져온 검찰의 비극, 더 나아가 국가의 비극을 막고 법치주의를 살릴 수 있다.

* * *

두말 할 것 없이 대한민국은 민주공화국이다. 검찰은 권력자의 사냥개가 아니라, 국민을 보호하고 인도하는 안내견으로 훈련되어 사랑받아야 한다. 그 과정에서 지금까지 끝내 사과하지 않았던 과거사 또한 분명하게 반성해야 할 것이다.

지난 겨울 광장을 뜨겁게 달군 '이게 나라냐'라는 국민들의 한탄과 함성이 검찰개혁으로 이어지는 것은 어찌 보면 헌법적 명령이라 할 수 있다. 수사를 제대로 하지 않아 대통령이 탄핵절차를 통해 파면된 것이 아니라, 검찰 스스로 권한을 남용하며 법과 정의를 우롱하는 폭력집단으로 전락한 것이 민주주의와 법치주의를 정면으로 부정한 국정농단으로 이어진 것이라 해도 지나치지 않기 때문이다.

이번에도 검찰은 저항해올 것이다. 검찰을 등에 업은 어두운 기득권이 도처에 널려 있고, 그들의 이익을 지키려 손을 잡을 것이기에, 그 저항은 만만치 않을 것이다. 문민정부를 표방한 김영삼

정권 이후 이명박·박근혜 정권에 이르기까지 모든 정부가 검찰개혁을 약속하고 시도했지만 결국 좌초된 것을 우리는 줄곧 지켜보았다.

그러니 검찰을 개혁의 칼자루를 쥐고 있는 정치권에 대한 감시와 압박을 결코 소홀히 할 수 없다. 역대 정부에서 검찰개혁 논의를 지체하거나 좌초하게 한 주역이었던 국회 법사위를 주목해야한다. 검찰의 식민지가 된 법무부와 결탁하여 수없이 방해해온 과거를 잊지 말아야 한다.

촛불시민은 법무부와 대검에 국한되지 않고 국회를 향해서도 나아가야 한다. 모든 개혁은 힘에 의해 이루어지고 힘에 의해 좌절된다. 결국 힘을 가진 쪽이 개혁을 이루어내는 것이다. 그 힘을 모으는 데 이 책이 작은 역할이라도 할 수 있기를 바란다.

이제 우리는 역사 앞에 당당한 검찰을 가질 때가 되었다. 정치권력에 빌붙지 않고 묵묵히 책임과 소명을 감내해온 대다수 검찰 구성원들의 염원 또한 시민들의 그것과 다르지 않을 것이다. 많은 이들의 용기와 헌신을 기대한다.

참고문헌

단행본

김두식『불멸의 신성가족: 대한민국 사법 패밀리가 사는 법』, 창비 2009.

김철『한국법학의 반성: 사법개혁시대의 법학을 위하여』, 한국학술정보 2009.

문재인·김인회『문재인, 김인회의 검찰을 생각한다: 무소불위의 권력 검찰의
　　본질을 비판하다』, 오월의봄 2011.

문준영『법원과 검찰의 탄생: 사법의 역사로 읽는 대한민국』, 역사비평사
　　2010.

박희준·이우승·정재영·김정필·김태훈『노무현은 왜 검찰은 왜: 박연차 게이
　　트와 법조 출입기자의 188일』, 글로벌콘텐츠 2010.

이맹희 엮음『묻어둔 이야기』, 청산 1993.

이순혁『검사님의 속사정: 대한민국 검찰은 왜 이상한 기소를 일삼는가』, 씨
　　네21북스 2011.

이재화『분노하라, 정치검찰: 불법과 탈법으로 얼룩진 정치검찰의 행태를 고

참고문헌 ● 223

발한다』, 이학사 2012.

정희상·구영식·정용재『검사와 스폰서, 묻어버린 진실: 견검에서 떡검 그리
고 섹검까지 대한민국 검찰, 굴욕의 빅뱅』, 책보세 2011.

조성식『대한민국 검찰을 말하다 1·2』, 나남출판 2010.

하태훈·김희수·오창익·서보학『검찰공화국, 대한민국』, 삼인 2011.

황창화『피고인 한명숙과 대한민국 검찰: 한명숙 전 총리의 검찰과의 전쟁, 그
700일간의 기록』, 위즈덤하우스 2011.

논문 및 기사

김두식·백승헌·전수안「민주주의를 회복하는 법치의 길」,『창작과비평』
42(2)호, 창비 2014.

문준영「한국적 검찰제도의 형성」,『내일을 여는 역사』36호, 내일을여는역사
2009.9.

박근용·한상희·이호중·김진욱·민경한「검찰 60주년, 검찰의 정치화와 권
력화 어떻게 할 것인가」,『시민과세계』14호, 참여연대 참여사회연구소
2008.12.

백광훈·신동일·이천현「바람직한 검찰개혁의 방향」,『형사정책연구』, 한국형
사정책연구원 2003.6.

정재민「정의로는 장난치지 말라」,『신동아』2017년 5월호(http://shindonga.
donga.com/3/all/13/920692/1).

최원식「검찰개혁의 방향」,『황해문화』39호, 새얼문화재단 2003.6.

하태훈「검찰개혁의 과제와 전망」,『내일을 여는 역사』36호, 내일을여는역사

2009.9.

한상훈「외국의 검찰제도와 한국의 검찰개혁」,『내일을 여는 역사』36호, 내일
  을여는역사 2009.9.

한상희「검찰개혁의 현실과 방향」,『황해문화』78호, 새얼문화재단 2013.3.

권력과 검찰
괴물의 탄생과 진화

초판 1쇄 발행 / 2017년 6월 2일
초판 4쇄 발행 / 2020년 6월 10일

지은이 / 최강욱
펴낸이 / 강일우
책임편집 / 박대우 김정희
조판 / 신혜원
펴낸곳 / (주)창비
등록 / 1986년 8월 5일 제85호
주소 / 10881 경기도 파주시 회동길 184
전화 / 031-955-3333
팩시밀리 / 영업 031-955-3399 편집 031-955-3400
홈페이지 / www.changbi.com
전자우편 / human@changbi.com